Dampfgarer Kochbuch

Die 150 besten Rezepte für gesundes Dampfgaren.

Schonendes Garen mit Dampf im Steamer – Leckere und gesunde Gerichte für die schnelle Küche (inkl. Nähwertangaben)

2. Auflage

ISBN: 9781090155665

Inhaltsverzeichnis

Vegetarische Gerichte 34

Fleischgerichte

Was genau ist eigentlich Dampfgaren, wie funktioniert ein Dampfgarer und das Dampfgaren in ihm?

Dampfgaren ist eine Kochmethode, die ursprünglich aus Asien stammt, wo sie eine jahrhundertelange Tradition hat. Beim Dampfgaren werden die Lebensmittel ohne viel Energie, Fett und Gewürze schonend gegart. So bleiben die Vitamine, der Geschmack und die Farbe erhalten. Dementsprechend ist das Dampfgaren für all diejenigen besonders zu empfehlen, die sich gesund ernähren wollen.

Das traditionelle Dampfgaren wird heute noch mit speziellen Bambuskörben durchgeführt. So werden mehrere Bambuskörbe mit Lebensmitteln gefüllt, übereinandergestapelt und in einen Topf mit Wasser gestellt. Der Deckel wird geschlossen und der Dampfvorgang beginnt.

Bei uns wurde das Dampfgaren erst recht spät entdeckt. Erst im 17. Jahrhundert erfand der Franzose Denis Papin einen Schnellkochtopf, der es ermöglichte, Gerichte schneller und schonender zu garen. Erfolgreich war er mit seiner Erfindung allerdings nicht, denn erst im 20. Jahrhundert wuchs das Interesse am Dampfgaren. Mit dem Siko-Schnellkochtopf zog der erste Dampfgarer in die Haushalte ein. Damals eher verhalten begannen die Menschen in den 60er-Jahren, mehr Interesse am schonenden und gesunden Garen von Lebensmitteln zu entwickeln und viele Haushalte besaßen einen Schnellkochtopf. Das drucklose Dampfgaren stieß sogar noch später auf das Interesse der Menschen. So benutzten in den 70er-Jahren zunächst Gastronomen richtige Dampfgarer und erst in den 80er-Jahren zogen sie dann auch in die privaten Haushalte ein.

Bis heute haben sich die Dampfgarer immer weiter entwickelt. So fing alles mit stapelbaren Bambuskörben an und heutzutage bieten sogar Backöfen Dampfgarsysteme. Die Handhabung wird immer einfacher, sodass es keine Ausreden mehr für eine gesunde und vitaminreiche Ernährung gibt.

Beim Dampfgaren geht es darum, dass Lebensmittel mittels Wasserdampf schonend gegart werden. Es gibt zwei Varianten des Dampfgarens: das drucklose Dampfgaren und das Druck-Dampfgaren.

Beim drucklosen Dampfgaren, das bei den meisten Rezepten in diesem Buch angewendet wird, werden die Lebensmittel meist bei einer Temperatur von 100°C gegart. Es gibt Lebensmittel, die bei niedrigeren Temperaturen gegart werden müssen, und solche für höhere Temperaturen. Daher ist es sehr wichtig, die Angaben bei den Rezepten zu beachten. Das Gargut wird in Gareinsätze, entweder mit oder ohne Löcher, gelegt und teilweise übereinandergestapelt. Dabei sind die Gareinsätze speziell auf die Bedürfnisse des Dampfgarens eingestellt, sodass die Lebensmittel nur mit dem Wasserdampf, jedoch nicht mit dem Wasser in Berührung kommen. Außerdem mischen sich die Aromen aufgrund der perforierten Gareinsätze nicht. So kann man ganz leicht ein ganzes Menü in einem Dampfgarer zaubern.

Beim Druck-Dampfgaren wird das Gargut nicht in einen Dampfgarer, sondern vielmehr in einen Schnellkochtopf gelegt. Er wird mit Wasser gefüllt, die Lebensmittel werden hineingelegt und der Schnellkochtopf verschlossen. Er heizt sich auf die eingestellte Temperatur auf, häufig 120°C, und das Gargut wird durch den Druck, der in dem Topf entsteht, gegart. Diese Variante eignet sich für Gerichte, die eine längere Garzeit haben. Da das Gargut im Kochwasser liegt, ist diese Methode allerdings nicht ganz so schonend wie das drucklose Dampfgaren.

Welche Arten von Dampfgarern gibt es?

Wie bereits zuvor erwähnt, gibt es z.B. Dampfgarer, die in Backöfen integriert sind, oder, wenn man es ganz einfach und kostengünstig mag, Bambuskörbe, die in ein Wasserbad gestellt werden.

Dampfgarer gibt es günstig bis teuer, mit mehr oder weniger Feinheiten. So haben einige Dampfgarer die Funktion Regenerieren, mit der man Speisen wieder erwärmen kann. Zudem gibt es Automatik-Programme, bei denen Sie nur das Gericht angeben müssen, das Sie garen möchten. Das Gerät stellt dann Zeit und Temperatur von selbst ein. Man kann tiefgekühlte Lebensmittel schonend erwärmen, Lebensmittel einkochen oder auch Geschirr sterilisieren.

Sie müssen sich entscheiden, was Sie möchten. Möchten Sie zunächst testen, ob das Dampfgaren tatsächlich etwas für Sie ist, investieren Sie nicht in teure Geräte. Es gibt neben Bambuskörben Einsätze aus Edelstahl, die man in Töpfe stellen kann, oder, wenn man es noch kostengünstiger haben möchte, kann man die Speisen auch in eine feuerfeste Schale legen. Soll es etwas anspruchsvoller sein, nehmen Sie einen elektrischen Dampfgarer. Sie funktionieren als geschlossenes System. Man stellt mehrere Gareinsätze übereinander und gart so mehrere Menü-Teile gleichzeitig. Zudem gibt es Nachrüstmöglichkeiten für Backöfen oder Kombigeräte, die neben dem Dampfgaren auch noch weitere Funktionen wie das Grillen bieten.

Egal für welches Gerät Sie sich entscheiden, wichtig ist, dass das Gargut nicht in Kontakt mit dem Wasser kommt und sich das Gerät oder der Topf verschließen lässt, damit sich der Wasserdampf ausbreiten und somit die Lebensmittel garen kann.

Welche Vorteile bietet das Dampfgaren?

Einige Vorteile des Dampfgarens wurden bereits in den vorherigen Kapiteln angesprochen. So lassen sich Speisen schonend und gesund zubereiten, ohne Vitamine, Mineralstoffe, Geschmack oder Farbe zu verlieren.

Es ist nicht nötig, die Lebensmittel stark zu würzen oder mit viel Fett zu arbeiten, da der Eigengeschmack der Zutaten durch das schonende Garen hervorgehoben wird.

Außerdem trocknen die Lebensmittel nicht aus und entfalten ein herrliches Aroma.

Die Speisen können nicht anbrennen oder verkochen.

Mehrere Komponenten können gleichzeitig mit wenig Aufwand und Energie gegart werden.

Für die Gesundheit ist das Dampfgaren hervorragend geeignet. So ist die schonende Zubereitung gut für unser Verdauungssystem, den Blutdruck und das Cholesterin. Auch Kalorien lassen sich mit dieser Methode der Zubereitung sparen. Für jeden, der Wert auf eine gesunde, ausgewogene und kalorienarme Ernährung legt, ist das Dampfgaren also perfekt geeignet.

Zudem muss Dampfgaren nicht teuer sein oder viel Platz wegnehmen.

Wofür eignet sich ein Dampfgarer?

In einem Dampfgarer lassen sich eigentlich alle Speisen zubereiten, die man auch normal kochen kann. Allerdings fehlen beim Dampfgaren die Röstaromen.

Im Dampfgarer kann man mehrere Komponenten gleichzeitig zubereiten. So kann man Fleisch zusammen mit einer Süßspeise in das Gerät stellen, ohne dass die eine Komponente den Geschmack der anderen annimmt. Egal ob Reis, Kartoffeln, Fleisch, Fisch oder Süßspeisen, es gibt fast nichts, was man nicht dampfgaren kann. Die Speisen behalten ihren eigenen Geschmack, ihr Aroma und ihre Farbe.

Tipps zum Thema Dampfgaren

Nun möchten wir Ihnen einige Tipps an die Hand geben, die Sie beim Dampfgaren beherzigen sollten.

- Verwenden Sie frische Zutaten.
- Schneiden Sie die Komponenten in gleich große Portionen, damit sie gleichzeitig gar werden.
- Lassen Sie zwischen den Gareinsätzen genug Platz, damit sich der Dampf gut verteilen kann.
- Würzen Sie nicht zu stark, damit die Lebensmittel ihre eigenen Aromen beibehalten.
- Benutzen Sie nicht zu viel Fett, das ist nicht nötig.
- Wer Röstaromen mag, kann Fleisch oder Fisch nach dem Dampfgaren kurz in der Pfanne anbraten.
- Die meisten Speisen werden bei 100°C gegart. Ausnahmen, falls mit Ihrem Dampfgarer möglich:
    - Hefeteig besser bei 40°C garen.
    - Fisch eher bei 75-85°C garen.
    - Würstchen bei 90°C garen.
- Zum richtigen Dämpfen benötigt man zwei fingerbreit Wasser im Dampfgarer. Bei Gerichten, die länger als 60 Minuten gegart werden müssen, sollte Wasser nachgefüllt werden.
- Lassen Sie den Deckel auf dem Dampfgarer, sonst kann es sein, dass sich die Temperatur senkt und die Speisen bei Ende der Garzeit noch nicht gar sind.
- Die Garzeiten sind Richtwerte. Testen Sie kurz vor Ende der Garzeit, ob die Speisen noch etwas Zeit benötigen.
- Während der Dampf im Dampfgarer zirkuliert, können sich die Aromen der verschiedenen Speisen nicht mischen. Beenden Sie das Garen allerdings und zirkuliert der Dampf nicht mehr, ist dies nicht mehr der Fall.
- Entnehmen Sie die gegarten Speisen sofort nach dem Garvorgang, sonst verwässern sie.
- Verwenden Sie Topflappen. Der Dampfgarer und die Gareinsätze sind heiß.

Probieren, testen, Erfahrungen machen – wenn Sie dies beherzigen, werden Sie viel Spaß haben, gesunde und aromatische Speisen zaubern und sich selbst und Ihre Gäste begeistern.

Wir wünschen Ihnen viel Spaß beim Ausprobieren unserer Rezepte.

Hinweis zu den Rezepten

Sie werden sich sicherlich fragen, warum unser Rezeptbuch keine bunten und ansprechenden Fotos beinhaltet. Die Frage ist eigentlich leicht zu beantworten. Fotos im Hochglanzformat sind mit hohen Druckkosten und Kosten für die Erstellung der Bilder verbunden. Sicherlich sehen sie schön aus und unterstreichen das Rezept auf besondere Art und Weise, doch verursachen sie hohe Kosten, die am Ende der Nutzer tragen muss.

In unserem Buch finden Sie eine Vielzahl an tollen Rezepten, die sich einfach und mit wenigen Handgriffen zubereiten lassen. Ein Bild ist dafür normalerweise nicht notwendig. Wenn wir uns die Kosten für ein Buch mit tollen Fotos anschauen, liegen wir schnell bei mehr als 20-50€. Die meisten Kunden sind jedoch nicht bereit, für ein Buch so viel Geld zu bezahlen. Damit jeder trotzdem die tollen Rezepte für sich entdecken kann, haben wir daher auf teure Fotos verzichtet und können das Buch deutlich günstiger anbieten.

Viele Leser haben sicherlich auch schon festgestellt, dass die abgebildeten Fotos in den Büchern meist nur Beispielbilder sind. Sie stellen zwar ein ansprechendes Gericht dar, aber entsprechen meist nicht den angegebenen Rezepten. Wir möchten unsere Leser vor dieser Enttäuschung bewahren und haben zusätzlich aus dem Grund auf bunte Bilder verzichtet.

In unserem Buch finden Sie viele verschiedene Rezepte, ob ein leckeres Frühstück, ausgewogenes Mittagessen oder nahrhafte Snacks. Dank der vielen Rezepte, sind für jeden schmackhafte Gerichte dabei.

Lassen Sie sich inspirieren und probieren Sie es einfach mal aus! Gutes Gelingen und guten Appetit!

Suppen

1. Minestrone

Zutaten für 2 Portionen:

- 100 g Kartoffeln
- 100 g Möhren
- 1 Zwiebel
- 50 g Erbsen
- ½ Zucchini
- ½ Paprika
- 50 g Parmesan
- 20 g Suppennudeln
- 1 l Gemüsebrühe
- 1 EL Tomatenmark
- 2 EL Kräuter, gemischt
- 1 Prise Pfeffer

Nährwertangaben pro Portion:

- Kalorien: 270 kcal
- Kohlenhydrate: 33 g
- Fett: 8,5 g
- Eiweiß: 15 g

Zubereitungszeit: 25 Minuten

Zubereitung:

1. Zunächst die Kartoffeln schälen und in Würfel schneiden. Die Möhren schälen und ebenfalls würfeln.
2. Die Zwiebel schälen, halbieren und fein hacken. Die Zucchini waschen, die Enden entfernen und das Gemüse in Würfel schneiden. Die Paprika waschen, entkernen und ebenfalls würfeln.
3. Das Gemüse zusammen mit den Suppennudeln, dem Tomatenmark und der Gemüsebrühe in einem ungelochten Garbehälter in den Dampfgarer geben und bei 100°C für 10 Minuten garen.
4. Die Suppe zum Schluss mit Pfeffer und den Kräutern abschmecken und den Parmesan darüberstreuen.

2. Grüne Spargelsuppe

Zutaten für 2 Portionen:

- 250 g Spargel, grün
- 2 Kartoffeln
- 1 Handvoll Bärlauch
- ½ l Gemüsebrühe
- 125 ml Sahne
- Salz
- Muskat

Nährwertangaben pro Portion:

- Kalorien: 85 kcal
- Kohlenhydrate: 16,2 g
- Fett: 1 g
- Eiweiß: 4 g

Zubereitungszeit: 30 Minuten

Zubereitung:

1. Das holzige Ende des Spargels entfernen und klein schneiden.
2. Die Kartoffeln schälen und in Würfel schneiden.
3. Den Bärlauch waschen und klein schneiden.
4. Spargel, Kartoffeln und Bärlauch zusammen mit der Gemüsebrühe in einem ungelochten Garbehälter in den Dampfgarer geben und bei 100°C für 20 Minuten garen.
5. Die Suppe in eine Schüssel geben, die Sahne unterrühren und mit Salz und Muskat abschmecken.
6. Zum Schluss pürieren, auf Tellern anrichten und genießen.

3. Möhren-Ingwer-Suppe

Zutaten für 2 Portionen:

- 300 g Möhren
- ein kleines Stück Ingwer
- 1 Kartoffel
- 1 Zwiebel
- 1 Knoblauchzehe
- ½ l Gemüsebrühe
- 125 ml Sahne
- ¼ TL Muskat
- 1 Prise Cayennepfeffer

Nährwertangaben pro Portion:

- Kalorien: 313 kcal
- Kohlenhydrate: 26 g
- Fett: 19,4 g
- Eiweiß: 5,5 g

Zubereitungszeit: 30 Minuten

Zubereitung:

1. Die Möhren schälen und in Würfel schneiden. Mit der Kartoffel genauso verfahren.
2. Die Zwiebel schälen, halbieren und würfeln. Den Knoblauch schälen und fein hacken. Den Ingwer schälen und fein reiben.
3. Das Gemüse zusammen mit der Gemüsebrühe in einem ungelochten Garbehälter in den Dampfgarer geben und bei 100°C für 20 Minuten garen.
4. Anschließend die Suppe in eine Schüssel geben, die Sahne einrühren und mit Muskat und Cayennepfeffer abschmecken.

4. Champignon-Zwiebel-Suppe

Zutaten für 2 Portionen:

- 300 g Champignons
- 1 Zwiebel
- 100 g Reibekäse
- 2 EL Crème fraîche
- ½ l Gemüsebrühe
- 1 EL Kräuter, gemischt
- Salz und Pfeffer

Nährwertangaben pro Portion:

- Kalorien: 374 kcal
- Kohlenhydrate: 9 g
- Fett: 7,7 g
- Eiweiß: 17,2 g

Zubereitungszeit: 25 Minuten

Zubereitung:

1. Die Champignons putzen und in mundgerechte Stücke schneiden. Die Zwiebel schälen, halbieren und würfeln.
2. Champignons und Zwiebel zusammen mit der Gemüsebrühe in einem ungelochten Garbehälter in den Dampfgarer geben und bei 100°C für 15 Minuten garen.
3. Anschließend Crème fraîche unterrühren und mit Salz, Pfeffer und den Kräutern würzen.
4. Zum Schluss den Käse über die Suppe streuen, anrichten und genießen.

5. Brokkolicremesuppe

Zutaten für 2 Portionen:

- 1 Brokkoli
- 1 Zwiebel
- 1 Kartoffel
- 1 Knoblauchzehe
- 250 ml Gemüsebrühe
- 125 ml Sahne
- 2 EL gehackte Mandeln
- 2 EL Petersilie, gehackt
- Salz

Nährwertangaben pro Portion:

- Kalorien: 245,8 kcal
- Kohlenhydrate: 5,2 g
- Fett: 20 g
- Eiweiß: 19,8 g

Zubereitungszeit: 30 Minuten

Zubereitung:

1. Den Brokkoli waschen und in Röschen teilen. Die Zwiebel schälen, halbieren und würfeln. Die Kartoffel schälen und ebenfalls in Würfel schneiden. Die Knoblauchzehe schälen und fein hacken.
2. Das Gemüse zusammen mit der Gemüsebrühe in einem ungelochten Garbehälter in den Dampfgarer geben und bei 100°C für 20 Minuten garen.
3. Die Suppe pürieren und anschließend Sahne und Petersilie einrühren. Mit Salz abschmecken und zum Schluss mit den Mandeln garnieren.

6. Fruchtige Kartoffelsuppe

Zutaten für 2 Portionen:

- 250 g Kartoffeln
- 1 Mango
- ½ Stange Lauch
- ½ l Gemüsebrühe
- 125 ml Sahne
- 2 EL Olivenöl
- Salz und Pfeffer

Nährwertangaben pro Portion:

- Kalorien: 500 kcal
- Kohlenhydrate: 37 g
- Fett: 34,4 g
- Eiweiß: 4,5 g

Zubereitungszeit: 30 Minuten

Zubereitung:

1. Die Kartoffeln schälen und würfeln. Die Mango entkernen und ebenfalls in Würfel schneiden. Den Lauch putzen und in Ringe schneiden.
2. Kartoffeln, Lauch und 2/3 der Mango mit der Gemüsebrühe in einem ungelochten Garbehälter in den Dampfgarer geben und bei 100°C für 20 Minuten garen.
3. Die Suppe anschließend pürieren, die Sahne und das Öl einrühren und mit Salz und Pfeffer abschmecken.
4. Mit den restlichen Mangostücken garnieren und genießen.

7. Zucchini-Gurken-Suppe

Zutaten für 2 Portionen:

- 1 Zucchini
- 250 g Gurke
- ½ l Gemüsebrühe
- 125 ml Sahne
- 2 EL Olivenöl
- Salz und Pfeffer

Nährwertangaben pro Portion:

- Kalorien: 353 kcal
- Kohlenhydrate: 5,6 g
- Fett: 34,2 g
- Eiweiß: 3,3 g

Zubereitungszeit: 20 Minuten

Zubereitung:

1. Die Zucchini waschen, die Enden entfernen und das Gemüse in Würfel schneiden. Mit der Gurke genauso verfahren.
2. Beides in den Dampfgarer legen und bei 100°C für 10 Minuten garen.
3. Anschließend Gemüsebrühe, Sahne und Olivenöl hineingeben und mit Salz und Pfeffer abschmecken.
4. In einem ungelochten Garbehälter geben und bei 100°C für weitere 5 Minuten garen.
5. Zum Schluss pürieren und nochmals abschmecken.

8. Kokos-Gemüsesuppe mit Tofu

Zutaten für 2 Portionen:

- 100 ml Kokosmilch
- 100 g Möhren
- 100 g Kartoffeln
- 100 g Lauch
- 100 g Tofu
- 1 Zwiebel
- ½ l Gemüsebrühe
- 2 EL Olivenöl
- 1 TL Sesam
- 1 EL Zitronensaft
- ½ Chilischote
- Pfeffer

Nährwertangaben pro Portion:

- Kalorien: 307 kcal
- Kohlenhydrate: 21,2 g
- Fett: 20,1 g
- Eiweiß: 8 g

Zubereitungszeit: 30 Minuten

Zubereitung:

1. Zunächst die Möhren schälen und in Scheiben schneiden. Den Lauch putzen und in Ringe schneiden. Die Kartoffeln schälen und würfeln. Die Zwiebel schälen, halbieren und hacken. Die Chilischote ebenfalls fein hacken. Den Tofu ebenfalls in Würfel schneiden.
2. Das Gemüse zusammen mit dem Tofu, dem Olivenöl, der Kokosmilch, der Gemüsebrühe und dem Zitronensaft in einen ungelochten Garbehälter in den Dampfgarer geben, mit Pfeffer würzen und bei 100°C für 25 Minuten garen.
3. Die Suppe pürieren und zum Schluss mit dem Sesam garnieren.

9. Rindfleischsuppe

Zutaten für 2 Portionen:

- 200 g Rindergulasch
- 100 g Knollensellerie
- 100 g Lauch
- 2 Möhren
- 1 Zwiebel
- 1 l Gemüsebrühe
- Salz

Nährwertangaben pro Portion:

- Kalorien: 122 kcal
- Kohlenhydrate: 11,5 g
- Fett: 2,7 g
- Eiweiß: 12,1 g

Zubereitungszeit: 70 Minuten

Zubereitung:

1. Zunächst den Sellerie schälen und klein schneiden. Den Lauch putzen und in Ringe schneiden. Die Möhren schälen und klein schneiden. Die Zwiebel schälen, halbieren und würfeln.
2. Das Fleisch zusammen mit der Gemüsebrühe in einem ungelochten Garbehälter in den Dampfgarer legen und bei 100°C für 60 Minuten garen.
3. Nach 45 Minuten das Gemüse ebenfalls in den Dampfgarer geben und mitgaren.
4. Auf Tellern anrichten und servieren.

10. Fruchtige Möhrensuppe

Zutaten für 2 Portionen:

- 250 g Möhren
- 1 Zwiebel
- 1 Apfel
- Saft einer Orange
- ½ l Gemüsebrühe
- Salz und Pfeffer

Nährwertangaben pro Portion:

- Kalorien: 110 kcal
- Kohlenhydrate: 22,5 g
- Fett: 1,3 g
- Eiweiß: 2,8 g

Zubereitungszeit: 20 Minuten

Zubereitung:

1. Zunächst die Möhren schälen und klein schneiden. Die Zwiebel schälen, halbieren und würfeln. Den Apfel schälen, entkernen und in mundgerechte Stücke schneiden.
2. Das Gemüse zusammen mit dem Orangensaft und der Gemüsebrühe in einem ungelochten Gareinsatz in den Dampfgarer geben und bei 100°C für 15 Minuten garen.
3. Zum Schluss pürieren, mit Salz und Pfeffer abschmecken und auf Tellern anrichten.

11. Zucchinicremesuppe

Zutaten für 2 Portionen:

- 250 g Zucchini
- 1 Zwiebel
- 125 ml Sahne
- 250 ml Gemüsebrühe
- 1 EL Olivenöl
- 1 EL Kräuter, gemischt
- Salz und Pfeffer

Nährwertangaben pro Portion:

- Kalorien: 257 kcal
- Kohlenhydrate: 8,9 g
- Fett: 19,4 g
- Elweiß: 8,7 g

Zubereitungszeit: 20 Minuten

Zubereitung:

1. Zunächst die Zucchini waschen, die Enden entfernen und das Gemüse in Würfel schneiden. Die Zwiebel schälen, halbieren und würfeln.
2. Zucchini und Zwiebel zusammen mit der Gemüsebrühe und dem Olivenöl in einem ungelochten Gareinsatz in den Dampfgarer geben. Mit den Gewürzen abschmecken und bei 100°C für 15 Minuten garen.
3. Zum Schluss die Suppe pürieren, die Sahne einrühren und mit den Kräutern garnieren.

12. Champignon-Kokos-Suppe

Zutaten für 2 Portionen:

- 100 g Champignons
- 50 g Erbsen
- 1 Stange Zitronengras
- 10 g Ingwer
- 250 ml Gemüsebrühe
- 100 ml Kokosmilch
- 8 Garnelen, geschält
- 2 EL Koriander, gehackt
- ½ Chilischote
- Salz

Nährwertangaben pro Portion:

- Kalorien: 166 kcal
- Kohlenhydrate: 12,5 g
- Fett: 1,5 g
- Eiweiß: 13 g

Zubereitungszeit: 20 Minuten

Zubereitung:

1. Die Champignons putzen und vierteln. Das Zitronengras putzen und etwas aufklopfen. Den Ingwer schälen und fein reiben.
2. Das Gemüse zusammen mit der Gemüsebrühe, der Kokosmilch, den Garnelen, der Chilischote und dem Salz in einem ungelochten Garbehälter in den Dampfgarer legen und bei 100°C für 20 Minuten garen.
3. Die Suppe auf Tellern anrichten und mit dem Koriander garnieren.

13. Hühner-Nudel-Suppe

Zutaten für 2 Portionen:

- 200 g Hähnchenbrust
- 100 g Suppennudeln
- 100 g Kartoffeln
- 100 g Möhren
- ½ Sellerie
- 1 Zwiebel
- ½ Lauch
- ½ l Gemüsebrühe
- 2 EL Kräuter, gemischt
- Pfeffer

Nährwertangaben pro Portion:

- Kalorien: 390 kcal
- Kohlenhydrate: 54 g
- Fett: 3,2 g
- Eiweiß: 33,1 g

Zubereitungszeit: 20 Minuten

Zubereitung:

1. Die Hähnchenbrust waschen und in mundgerechte Stücke schneiden.
2. Die Kartoffeln schälen und in Würfel schneiden. Die Möhren schälen und ebenfalls würfeln. Den Sellerie schälen und klein schneiden. Die Zwiebel schälen, halbieren und hacken. Den Lauch putzen und in Ringe schneiden.
3. Das Gemüse zusammen mit der Gemüsebrühe in einem ungelochten Gareinsatz in den Dampfgarer legen und bei 100°C für 20 Minuten garen.
4. Nach der Hälfte der Zeit die Nudeln und das Fleisch hinzufügen und fertig garen.
5. Die Suppe auf Tellern anrichten und mit den Kräutern verfeinern.

14. Kartoffel-Ingwer-Suppe

Zutaten für 2 Portionen:

- 300 g Kartoffeln
- 1 Stange Lauch
- 2 Knoblauchzehen
- Ingwer, 2 cm
- ½ l Gemüsebrühe
- 150 ml Sahne
- 1 Handvoll Petersilie
- 1 TL Currypulver
- Salz und Pfeffer

Nährwertangaben pro Portion:

- Kalorien: 371 kcal
- Kohlenhydrate: 33,2 g
- Fett: 22,8 g
- Eiweiß: 6,2 g

Zubereitungszeit: 30 Minuten

Zubereitung:

1. Die Kartoffeln schälen und würfeln. Den Lauch putzen und in Ringe schneiden. Den Knoblauch schälen und fein hacken. Den Ingwer schälen und fein reiben. Die Petersilie waschen und hacken.
2. Das Gemüse zusammen mit der Petersilie und der Gemüsebrühe in einen ungelochten Garkorb geben, mit den Gewürzen abschmecken und bei 100°C für 20 Minuten garen.
3. Zum Schluss die Suppe pürieren, die Sahne einrühren und anrichten.

15. Fischsuppe

Zutaten für 2 Portionen:

- 400 g Rotbarschfilet
- 50 g Shrimps
- 1 Bund Suppengrün
- 1 Zwiebel
- ½ Chilischote
- 400 ml Fischfond
- 100 ml Weißwein
- 3 EL Zitronensaft
- 3 EL Crème fraîche
- 2 EL Butter
- Salz

Nährwertangaben pro Portion:

- Kalorien: 496 kcal
- Kohlenhydrate: 14 g
- Fett: 4,9 g
- Eiweiß: 46 g

Zubereitungszeit: 25 Minuten

Zubereitung:

1. Den Rotbarsch waschen und in Stücke schneiden. Das Suppengrün waschen, schälen und klein schneiden. Die Zwiebel schälen, halbieren und würfeln. Die Chilischote fein hacken.
2. Alles zusammen mit den Shrimps, dem Fischfond, dem Weißwein, dem Zitronensaft und der Butter in einen ungelochten Garbehälter geben, mit dem Salz würzen und bei 100°C für 15 Minuten garen.
3. Die fertige Suppe auf Tellern anrichten und mit der Crème fraîche verfeinern.

16. Kasselertopf

Zutaten für 2 Portionen:

- 1 Kasseler
- 1 Kartoffel
- 1 Zwiebel
- 200 g Spitzkohl
- 200 ml Gemüsebrühe
- 2 EL Schmand
- Salz und Pfeffer

Nährwertangaben pro Portion:

- Kalorien: 223 kcal
- Kohlenhydrate: 16 g
- Fett: 10,5 g
- Eiweiß: 15,6 g

Zubereitungszeit: 35 Minuten

Zubereitung:

1. Die Kartoffel schälen und in Würfel schneiden. Die Zwiebel schälen, halbieren und hacken. Den Spitzkohl putzen und in Streifen schneiden. Das Kasseler ebenfalls würfeln.
2. Alles zusammen in einen ungelochten Gareinsatz legen und mit Gemüsebrühe auffüllen. Mit Pfeffer abschmecken und für 20 Minuten bei 100°C in den Dampfgarer geben.
3. Vor dem Servieren mit Schmand verfeinern und genießen.

17. Suppe mit Eisbein

Zutaten für 2 Portionen:

- 300 g Eisbein
- 300 g Kartoffeln
- 250 g Erbsen
- 1 Karotte
- 120 g Brokkoli
- 120 g Blumenkohl
- 1 Kohlrabi
- 2 l Gemüsebrühe
- 2 l Wasser
- Salz und Pfeffer

Nährwertangaben pro Portion:

- Kalorien: 153 kcal
- Kohlenhydrate: 5,4 g
- Fett: 12 g
- Eiweiß: 21,7 g

Zubereitungszeit: 90 Minuten

Zubereitung:

1. Zunächst das Eisbein waschen. 1 l Wasser in einen ungelochten Gareinsatz füllen und etwas Salz hineingeben. Das Eisbein in das Wasser legen und bei 100°C für 40 Minuten garen.
2. Das Eisbein anschließend etwas abkühlen lassen und in Stücke teilen.
3. Die Gemüsebrühe zum Wasser geben und noch 1 l Wasser hinzufügen.
4. Die Kartoffeln schälen und würfeln. Die Karotte schälen und in Scheiben schneiden. Den Kohlrabi schälen und ebenfalls würfeln. Blumenkohl und Brokkoli waschen und in Röschen teilen.
5. Kartoffeln, Karotte und Kohlrabi in die Suppe geben und bei 80°C für 35 Minuten garen. Nach 10 Minuten das klein geschnittene Fleisch hinzugeben und nach weiteren 10 Minuten Blumenkohl und Brokkoli hinzugeben.
6. Die Suppe auf Tellern anrichten und servieren.

Vegetarische Gerichte

18. Champignons mit Schinken-Käse-Füllung

Zutaten für 2 Portionen:

- 200 g Champignons
- 100 g Reibekäse
- 100 Kochschinken
- 2 EL Crème fraîche
- 1 EL Kräuter, gemischt
- Salz und Pfeffer

Nährwertangaben pro Portion:

- Kalorien: 144,3 kcal
- Kohlenhydrate: 1,8 g
- Fett: 7,7 g
- Eiweiß: 17,2 g

Zubereitungszeit: 20 Minuten

Zubereitung:

1. Die Champignons putzen und den Stiel entfernen.
2. Den Kochschinken klein schneiden und mit Reibekäse, Crème fraîche, Kräuter, Salz und Pfeffer vermengen.
3. Die Käse-Schinken-Masse in die Champignons füllen und in den Dampfgarer legen.
4. Bei 100°C für 15 Minuten garen.

19. Überbackener Spargel

Zutaten für 2 Portionen:

- 250 g Spargel, weiß
- 2 EL Parmesan, gerieben
- 2 EL Olivenöl
- 2 TL Kräuter, gemischt

Nährwertangaben pro Portion:

- Kalorien: 157 kcal
- Kohlenhydrate: 7,2 g
- Fett: 15 g
- Eiweiß: 1,8 g

Zubereitungszeit: 20 Minuten

Zubereitung:

1. Den Spargel schälen und die holzigen Teile abschneiden.
2. Aus Parmesan, Olivenöl und den Kräutern eine Panade herstellen und den Spargel darin einlegen.
3. Anschließend den Spargel in den Dampfgarer legen und bei 100°C für 15 Minuten garen.

20. Gefüllte Paprikaschiffchen

Zutaten für 2 Portionen:

- 1 Paprika
- 100 g Reibekäse
- 50 g getrocknete Tomaten
- 1 Knoblauchzehe
- 1 Prise Salz

Nährwertangaben pro Portion:

- Kalorien: 245,8 kcal
- Kohlenhydrate: 5,2 g
- Fett: 20 g
- Eiweiß: 19,8 g

Zubereitungszeit: 25 Minuten

Zubereitung:

1. Zunächst die Paprika waschen, in zwei Hälften schneiden und entkernen.
2. Den Knoblauch schälen und fein hacken. Die Tomaten ebenfalls klein schneiden.
3. Den Knoblauch mit den Tomaten, dem Reibekäse und dem Salz vermengen und in die Paprika füllen.
4. Die Paprikaschiffchen bei 100°C für 20 Minuten garen.

21. Gefüllte Tortillas

Zutaten für 2 Portionen:

- 2 Tortillas
- 50 g Reibekäse
- 50 g Mais, Dose
- 2 EL Crème fraîche
- 1 EL Olivenöl
- 1 EL Kräuter, gemischt
- 1 Prise Cayennepfeffer
- Salz

Nährwertangaben pro Portion:

- Kalorien: 257 kcal
- Kohlenhydrate: 8,9 g
- Fett: 19,4 g
- Eiweiß: 8,7 g

Zubereitungszeit: 20 Minuten

Zubereitung:

1. Zunächst die Tortillas ausbreiten und mit dem Öl einstreichen.
2. Reibekäse in eine Schüssel geben und mit Mais, Crème fraîche, den Kräutern und Gewürzen gut vermischen.
3. Diese Mischung auf den Tortillas verteilen und zusammenklappen.
4. Bei 100°C für 10 Minuten garen.

22. Mangoldrouladen mit Vanillesauce

Zutaten für 2 Portionen:

- 2 Mangoldblätter
- 4 Jakobsmuscheln
- 75 g Lachs
- 1 Zwiebel
- 1 Vanilleschote
- 1 Ei
- 75 ml Sahne
- 50 ml Weißwein
- 1 EL Butter
- Salz und Pfeffer
- Zahnstocher

Nährwertangaben pro Portion:

- Kalorien: 372 kcal
- Kohlenhydrate: 12,2 g
- Fett: 24 g
- Eiweiß: 19 g

Zubereitungszeit: 45 Minuten

Zubereitung:

1. Zunächst die Mangoldblätter putzen und in einem gelochten Garkorb in den Dampfgarer legen. Bei 100°C für 3 Minuten garen. Anschließend mit kaltem Wasser abschrecken.
2. Den Lachs waschen, mit einem Tuch trocken tupfen und in Würfel schneiden. Für ein paar Minuten in den Froster legen.
3. Mit 30 ml der Sahne, Salz und Pfeffer in einen Mixer geben und pürieren.
4. Das Ei trennen. Das Eiweiß zu Eischnee verarbeiten und mit dem Lachs vermengen.
5. Die Jakobsmuscheln säubern.
6. Die Lachsfarce auf den Mangoldblättern verteilen. Jeweils eine Jakobsmuschel auflegen und zusammenrollen. Mit Zahnstochern fixieren.
7. Die Rouladen in einen gelochten Garbehälter legen. Bei 100°C für 8 Minuten im Dampfgarer garen.

8. Währenddessen die Zwiebel schälen, halbieren und in kleine Würfel schneiden.

9. Butter in einer Pfanne erhitzen und die Zwiebelwürfel darin glasig dünsten. Mit dem Weißwein ablöschen und einen Schuss Sahne hineingießen.

10. Die Vanilleschote halbieren, mit einem Messer auskratzen und das Mark in die Pfanne geben.

11. Die restliche Sahne zusammen mit dem Eigelb in ein hohes Rührgefäß geben und steif schlagen.

12. Die Sahnemischung vorsichtig zur Vanillesauce geben und leicht vermengen.

13. Die Mangoldrouladen zusammen mit der Vanillesauce anrichten und servieren.

23. Gemüserouladen

Zutaten für 2 Portionen:

- 2 Rinderrouladen
- 2 Stangen Spargel, grün
- 1 Möhre
- 6 Brechbohnen
- ¼ Zucchini
- ¼ Kohlrabi
- 2 EL Sojasauce
- Pfeffer
- Zahnstocher

Nährwertangaben pro Portion:

- Kalorien: 258 kcal
- Kohlenhydrate: 3 g
- Fett: 17 g
- Eiweiß: 23 g

Zubereitungszeit: 75 Minuten

Zubereitung:

1. Die Rouladen waschen und mit einem Tuch trocken tupfen. Anschließend mit Pfeffer und Sojasauce würzen.
2. Den Spargel putzen und das holzige Ende entfernen. Die Möhre schälen und in Stifte schneiden. Die Zucchini waschen und in Streifen schneiden. Kohlrabi schälen und stifteln.
3. Die Rouladen mit dem Gemüse befüllen und einrollen. Mit Zahnstochern fixieren.
4. In einen gelochten Gareinsatz legen und bei 100°C für 60 Minuten in den Dampfgarer geben.

24. Kartoffel-Gemüse-Gratin

Zutaten für 2 Portionen:

- 300 g Kartoffeln
- 100 g Blattspinat
- 200 g Austernpilze
- 100 g roher Schinken
- 100 g Blauschimmelkäse
- 20 g Pinienkerne
- 20 g Parmesan, gerieben
- Salz und Pfeffer

Nährwertangaben pro Portion:

- Kalorien: 503 kcal
- Kohlenhydrate: 28 g
- Fett: 27 g
- Eiweiß: 34 g

Zubereitungszeit: 30 Minuten

Zubereitung:

1. Zunächst die Kartoffeln schälen und in Scheiben schneiden. Die Pilze putzen und ebenfalls in Scheiben schneiden.
2. Den Blattspinat putzen und klein schneiden.
3. Anschließend den Schinken und den Käse würfeln.
4. Das Gemüse in einen Gareinsatz ohne Löcher schichten, Schinken und Käse oben aufgeben und mit Pinienkernen und Parmesan bestreuen. Mit Salz und Pfeffer würzen.
5. Für 20 Minuten bei 100°C in den Dampfgarer geben.

25. Lasagne

Zutaten für 2 Portionen:

- 10 Lasagneplatten
- 1 Möhre
- 2 Frühlingszwiebeln
- 1 Zucchini
- 500 ml passierte Tomaten
- 200 g Mozzarella
- 50 g Parmesan
- 1 EL Olivenöl
- Salz und Pfeffer

Nährwertangaben pro Portion:

- Kalorien: 627 kcal
- Kohlenhydrate: 17 g
- Fett: 38,9 g
- Eiweiß: 47,2 g

Zubereitungszeit: 45 Minuten

Zubereitung:

1. Als Erstes die Möhre schälen und in Scheiben schneiden. Die Frühlingszwiebeln putzen und in Ringe schneiden. Die Zucchini waschen, die Enden entfernen und das Gemüse ebenfalls in Scheiben schneiden. Den Mozzarella in Scheiben schneiden.
2. Einen Gareinsatz ohne Löcher mit dem Olivenöl einstreichen und das Gemüse abwechselnd mit den Lasagneplatten, den passierten Tomaten und dem Mozzarella schichten.
3. Den Gareinsatz bei 100°C für 35 Minuten in den Dampfgarer stellen.
4. Die Lasagne auf Tellern anrichten und servieren.

26. Spargel mit Sauce Hollandaise

Zutaten für 2 Portionen:

- 200 g Spargel, grün
- 150 ml Sauce Hollandaise
- 50 g Parmesan, gehobelt
- Salz und Pfeffer

Nährwertangaben pro Portion:

- Kalorien: 148 kcal
- Kohlenhydrate: 3,2 g
- Fett: 9,2 g
- Eiweiß: 7,8 g

Zubereitungszeit: 10 Minuten

Zubereitung:

1. Zuerst den Spargel waschen und das holzige Ende entfernen.
2. In einen Gareinsatz ohne Löcher geben und bei 100°C für 5 Minuten dampfgaren.
3. Währenddessen die Sauce Hollandaise erwärmen.
4. Den Spargel auf Tellern anrichten, mit der Sauce übergießen und mit dem Parmesan bestreuen.

27. Gefüllte Zucchiniröllchen

Zutaten für 2 Portionen:

- 1 Zucchini
- 100 g Feta
- 1 Tomate
- 1 EL Basilikum, gehackt
- 1 EL Olivenöl
- Cayennepfeffer
- Salz
- Zahnstocher

Nährwertangaben pro Portion:

- Kalorien: 360 kcal
- Kohlenhydrate: 3,7 g
- Fett: 32,2 g
- Eiweiß: 11 g

Zubereitungszeit: 15 Minuten

Zubereitung:

1. Zuerst die Zucchini waschen, die Enden entfernen und das Gemüse der Länge nach in dünne Scheiben schneiden.
2. Die Scheiben in einen Gareinsatz mit Löchern geben und bei 100°C für 1 Minute garen.
3. Den Feta würfeln, auf die Zucchinischeiben legen und einrollen. Mit Zahnstochern fixieren. Die Röllchen mit Salz und Pfeffer würzen.
4. Bei 100°C für 3 Minuten in den Dampfgarer geben.
5. Währenddessen die Tomate waschen und in Scheiben schneiden.
6. Die Zucchiniröllchen auf Tellern zusammen mit dem Basilikum und den Tomatenscheiben anrichten. Mit etwas Olivenöl beträufeln und servieren.

28. Zweierlei Polenta

Zutaten für 2 Portionen:

- 150 g Polenta
- 1 Stange Lauch
- 750 ml Gemüsebrühe
- 100 g Emmentaler, gerieben
- 30 g Parmesan, gerieben
- 4 Stiele Majoran
- 4 Stiele Petersilie
- 2 EL Butter
- Salz und Pfeffer

Nährwertangaben pro Portion:

- Kalorien: 266 kcal
- Kohlenhydrate: 30 g
- Fett: 32 g
- Eiweiß: 50 g

Zubereitungszeit: 30 Minuten

Zubereitung:

1. Zuerst den Lauch putzen und in Ringe schneiden. Diesen in einen Gareinsatz mit Löchern geben.
2. Die Gemüsebrühe in einen zweiten Gareinsatz, allerdings ohne Löcher, geben und die Gemüsebrühe dort hineingeben.
3. Beide Garbehälter bei 100°C für 5 Minuten in den Dampfgarer geben.
4. Anschließend die Polenta in die Gemüsebrühe rühren und für 1 Minute quellen lassen.
5. Die Polenta bei 100°C für 10 Minuten dampfgaren, danach mit einem Tuch abdecken und 5 Minuten stehen lassen.
6. Währenddessen die Petersilie und den Majoran putzen und hacken.
7. Die Polenta auf zwei Schüsseln aufteilen. In die erste Schüssel den Emmentaler und den Parmesan rühren. In die zweite Schüssel Lauch, Butter und gehackte Kräuter rühren.
8. Die Polenta auf Tellern aufteilen und servieren.

29. Nudeln mit Brokkoli-Käse-Sauce

Zutaten für 2 Portionen:

- 200 g Nudeln
- 200 g Brokkoli
- 100 ml Sahne
- 50 g Parmesan
- 100 g Gorgonzola
- Salz und Pfeffer

Nährwertangaben pro Portion:

- Kalorien: 266 kcal
- Kohlenhydrate: 8 g
- Fett: 11 g
- Eiweiß: 27 g

Zubereitungszeit: 15 Minuten

Zubereitung:

1. Die Nudeln nach Packungsanweisung in Salzwasser zubereiten.
2. Währenddessen den Brokkoli waschen und in Röschen teilen. In einem gelochten Gareinsatz bei 100°C für 15 Minuten dampfgaren.
3. Die Sahne in einen Topf füllen und den Gorgonzola darin schmelzen lassen. Mit Salz und Pfeffer abschmecken.
4. Die Nudeln zusammen mit dem Brokkoli und der Sauce anrichten und servieren.

30. Blumenkohl in Käsesauce

Zutaten für 2 Portionen:

- 1 Blumenkohl
- 50 g Reibekäse
- 50 g Parmesan, gerieben
- 125 ml Milch
- Muskat
- Salz und Pfeffer

Nährwertangaben pro Portion:

- Kalorien: 278 kcal
- Kohlenhydrate: 8 g
- Fett: 17 g
- Eiweiß: 25 g

Zubereitungszeit: 20 Minuten

Zubereitung:

1. Zunächst den Blumenkohl unter fließendem Wasser abwaschen und in Röschen teilen.
2. Die Röschen in einen Gareinsatz ohne Löcher geben und bei 100°C für 15 Minuten dampfgaren.
3. Währenddessen die Milch in einen Topf geben und zum Kochen bringen, Reibekäse und Parmesan darin auflösen und mit Muskat, Salz und Pfeffer abschmecken.
4. Den Blumenkohl auf Tellern anrichten und mit der Sauce übergießen.

31. Risotto mit Gemüse

Zutaten für 2 Portionen:

- 100 g Risotto-Reis
- 200 ml Gemüsebrühe
- 1 Paprika, rot
- 2 Möhren
- 2 Tomaten
- 1 Zwiebel
- 1 EL Butter
- Muskat
- Pfeffer

Nährwertangaben pro Portion:

- Kalorien: 287 kcal
- Kohlenhydrate: 50 g
- Fett: 5,4 g
- Eiweiß: 8,1 g

Zubereitungszeit: 35 Minuten

Zubereitung:

1. Zunächst die Paprika waschen, entkernen und in Würfel schneiden. Die Möhren schälen und in Scheiben schneiden. Die Tomaten waschen und würfeln. Die Zwiebel schälen, halbieren und fein hacken.
2. Den Reis zusammen mit der Gemüsebrühe in einen Gareinsatz ohne Löcher geben und mit Muskat und Pfeffer würzen.
3. Bei 100°C für 30 Minuten dampfgaren, dabei gelegentlich umrühren.
4. Nach 20 Minuten das Gemüse mit in den Dampfgarer geben.
5. Das Risotto auf Tellern anrichten und genießen.

32. Tomaten mit Fetafüllung

Zutaten für 2 Portionen:

- 4 Tomaten
- 50 g Feta
- 1 Knoblauchzehe
- 1 EL Basilikum, gehackt
- Salz und Pfeffer

Nährwertangaben pro Portion:

- Kalorien: 81 kcal
- Kohlenhydrate: 3,1 g
- Fett: 4,9 g
- Eiweiß: 5,4 g

Zubereitungszeit: 15 Minuten

Zubereitung:

1. Als Erstes die Tomaten waschen und die Deckel entfernen. Vorsichtig mit einem Teelöffel die Tomaten aushöhlen.
2. Den Knoblauch schälen, fein hacken und zusammen mit dem zerbröselten Feta, Basilikum, Salz und Pfeffer vermengen.
3. Die Feta-Mischung in die Tomaten füllen und in einen Gareinsatz mit Löchern stellen.
4. Bei 80°C für 1 Minute in den Dampfgarer stellen und garen lassen.

33. Champignons mit Käse-Schmand-Füllung

Zutaten für 2 Portionen:

- 500 g Champignons
- 200 g Schmand
- 200 g Reibekäse
- 1 Frühlingszwiebel
- 1 EL Petersilie, gehackt
- Salz und Pfeffer

Nährwertangaben pro Portion:

- Kalorien: 589 kcal
- Kohlenhydrate: 8,1 g
- Fett: 45 g
- Eiweiß: 35 g

Zubereitungszeit: 20 Minuten

Zubereitung:

1. Zuerst die Champignons putzen und die Stiele entfernen.
2. Die Frühlingszwiebel putzen und in Ringe schneiden. Zusammen mit Schmand, Reibekäse, Petersilie, Salz und Pfeffer vermengen und in die Pilze füllen.
3. Diese in einen Gareinsatz mit Löchern geben und für 15 Minuten bei 100°C dampfgaren.

34. Zucchini-Mais-Risotto

Zutaten für 2 Portionen:

- 150 g Risotto-Reis
- 100 g Zucchini
- 100 g Mais
- 1 Zwiebel
- 50 g Kürbiskerne
- 200 ml Wasser
- 200 ml Gemüsebrühe
- 1 EL Petersilie, gehackt
- Salz und Pfeffer

Nährwertangaben pro Portion:

- Kalorien: 458 kcal
- Kohlenhydrate: 67 g
- Fett: 14 g
- Eiweiß: 12 g

Zubereitungszeit: 45 Minuten

Zubereitung:

1. Zuerst den Risotto-Reis zusammen mit der Gemüsebrühe und dem Wasser in einen Gareinsatz ohne Löcher geben und bei 100°C für 30 Minuten garen.
2. Währenddessen die Zucchini waschen, die Enden entfernen und das Gemüse fein reiben. Die Zwiebel schälen, halbieren und fein hacken.
3. Nach 20 Minuten Garzeit das Gemüse zusätzlich in den Gareinsatz geben.
4. Zum Schluss das Risotto mit Salz und Pfeffer abschmecken, auf Tellern anrichten und mit Kürbiskernen und Petersilie garnieren.

35. Möhren- und Zucchininudeln

Zutaten für 2 Portionen:

- 1 Zucchini
- 5 Möhren
- 100 g Mozzarella, gerieben
- 50 g Parmesan, gerieben
- 100 ml Gemüsebrühe
- 1 EL Petersilie, gehackt
- Salz und Pfeffer

Nährwertangaben pro Portion:

- Kalorien: 232 kcal
- Kohlenhydrate: 4 g
- Fett: 13 g
- Eiweiß: 21,5 g

Zubereitungszeit: 15 Minuten

Zubereitung:

1. Zuerst die Möhren schälen, die Zucchini waschen und die Enden entfernen. Möhren und Zucchini mit einem Spiralschneider oder einem Sparschäler zu Nudeln schneiden.
2. Die Nudeln in einen Gareinsatz ohne Löcher geben und mit der Gemüsebrühe auffüllen. Mit Petersilie und den Gewürzen verfeinern.
3. Bei 100°C für 10 Minuten garen.
4. Die Nudeln auf Tellern anrichten und mit dem Käse bestreuen.

36. Pilz-Risotto

Zutaten für 2 Portionen:

- 175 g Risotto Reis
- 150 g Steinpilze
- 150 ml Gemüsebrühe
- 150 ml Weißwein
- 50 g Parmesan, gerieben
- 1 Knoblauchzehe
- 1 EL Petersilie, gehackt
- Salz und Pfeffer

Nährwertangaben pro Portion:

- Kalorien: 500 kcal
- Kohlenhydrate: 71 g
- Fett: 8 g
- Eiweiß: 17 g

Zubereitungszeit: 35 Minuten

Zubereitung:

1. Zuerst den Reis in einen ungelochten Gareinsatz geben und mit Gemüsebrühe und Weißwein auffüllen.
2. Bei 100°C für 15 Minuten in den Dampfgarer geben.
3. Währenddessen den Knoblauch schälen und fein hacken. Die Pilze putzen und in Scheiben schneiden.
4. Nach 15 Minuten Knoblauch und Pilze zum Risotto geben und für weitere 15 Minuten fertig garen.
5. Das Risotto auf Tellern anrichten und mit Petersilie und Parmesan garnieren.

37. Spinatlasagne

Zutaten für 2 Portionen:

- 500 g Blattspinat
- 2 Tomaten
- 1 Zwiebel
- 1 Knoblauchzehe
- 10 Lasagneplatten
- 175 ml Sahne
- 150 g Feta
- 1 Ei
- 1 TL Olivenöl
- Salz und Pfeffer

Nährwertangaben pro Portion:

- Kalorien: 77 kcal
- Kohlenhydrate: 4 g
- Fett: 3,5 g
- Eiweiß: 7 g

Zubereitungszeit: 60 Minuten

Zubereitung:

1. Zunächst den Spinat gut putzen und klein schneiden. Den Knoblauch schälen und hacken. Die Zwiebel schälen, halbieren und in feine Würfel schneiden. Die Tomaten waschen und würfeln.
2. Das Gemüse zusammen mit Sahne, der Hälfte des Fetas und dem Ei vermengen und mit Salz und Pfeffer würzen.
3. Einen ungelochten Gareinsatz mit dem Öl einpinseln und Lasagneplatten und Spinat darin schichten.
4. Den restlichen Schafskäse über die Lasagne bröseln und für 45 Minuten bei 100°C garen.

38. Kartoffel-Feta-Stampf mit Mangold

Zutaten für 2 Portionen:

- 200 g Kartoffeln
- 50 g Feta
- 200 g Mangold
- 200 ml Gemüsebrühe
- 1 EL Olivenöl
- Salz und Pfeffer

Nährwertangaben pro Portion:

- Kalorien: 234 kcal
- Kohlenhydrate: 20 g
- Fett: 11,8 g
- Eiweiß: 10 g

Zubereitungszeit: 25 Minuten

Zubereitung:

1. Zunächst die Kartoffeln schälen und in Würfel schneiden. Diese zusammen mit 100 ml Gemüsebrühe in einen Gareinsatz ohne Löcher geben und bei 100°C für 10 Minuten garen.
2. Den Mangold putzen und in mundgerechte Stücke schneiden. In einen Gareinsatz ohne Löcher geben, mit der Gemüsebrühe und dem Olivenöl für 5 Minuten ebenfalls in den Dampfgarer stellen.
3. Die gegarten Kartoffeln zusammen mit dem Feta in eine Schüssel geben und mit Salz und Pfeffer stampfen.
4. Das Kartoffel-Feta-Stampf zusammen mit dem Mangold auf Tellern anrichten und genießen.

39. Frühlingsrollen mit Reisnudeln

Zutaten für 2 Portionen:

- 6 Blätter Reispapier
- 2 Möhren
- 2 Frühlingszwiebeln
- 25 g Sojasprossen
- 30 g Reisnudeln
- 1 EL Thai-Basilikum, gehackt
- 1 TL Chilisauce

Nährwertangaben pro Portion:

- Kalorien: 43 kcal
- Kohlenhydrate: 8,7 g
- Fett: 1 g
- Eiweiß: 1,2 g

Zubereitungszeit: 20 Minuten

Zubereitung:

1. Als Erstes die Möhren schälen und fein raspeln. Die Frühlingszwiebeln putzen und in Ringe schneiden. Die Sprossen gut abwaschen und trocken tupfen.
2. Die Reisnudeln in eine Schüssel geben und mit kochendem Wasser übergießen. Für 5 Minuten quellen lassen.
3. Das Reispapier ausbreiten und zwischen zwei Küchentücher geben, die Sie vorher angefeuchtet haben.
4. Das Gemüse mit der Chilisauce verrühren und den Thai-Basilikum hinzugeben.
5. Die Gemüsemischung auf dem Reispapier verteilen und aufrollen. Die Seiten umklappen.
6. Die Frühlingsrollen in einen Gareinsatz mit Löchern legen und bei 100°C für 5 Minuten garen.
7. Zum Schluss die Frühlingsrollen zusammen mit den Reisnudeln auf Tellern anrichten und servieren.

40. Mariniertes Gemüse mit süßem Dip

Zutaten für 2 Portionen:

- 8 Kartoffeln
- 2 Möhren
- ½ Mango
- 150 g griechischer Joghurt
- 1 TL Honig
- 1 TL Olivenöl
- 1 TL Zitronensaft
- 1 EL Minze, gehackt
- Kardamom
- Chilipulver
- Salz und Pfeffer

Nährwertangaben pro Portion:

- Kalorien: 96 kcal
- Kohlenhydrate: 17,9 g
- Fett: 1 g
- Eiweiß: 4,2 g

Zubereitungszeit: 30 Minuten

Zubereitung:

1. Als Erstes die Kartoffeln schälen und in Würfel schneiden. Die Möhren schälen und ebenfalls würfeln.
2. Aus Honig, Öl und den Gewürzen eine Marinade herstellen und das Gemüse darin wenden.
3. Anschließend in einen Gareinsatz ohne Löcher geben und bei 100°C für 20 Minuten in den Dampfgarer stellen.
4. Währenddessen die Mango schälen, würfeln und zusammen mit Joghurt und Minze in einen Mixer geben und pürieren.
5. Das marinierte Gemüse mit dem Dip anrichten und servieren.

41. Spitzkohlrouladen

Zutaten für 2 Portionen:

- 4 Blätter Spitzkohl
- 100 g Reis
- 100 ml Wasser
- 25 g Mandeln, gehackt
- Salz und Pfeffer
- Zahnstocher

Nährwertangaben pro Portion:

- Kalorien: 139 kcal
- Kohlenhydrate: 13 g
- Fett: 6,1 g
- Eiweiß: 10 g

Zubereitungszeit: 35 Minuten

Zubereitung:

1. Zunächst den Reis in einen ungelochten Garbehälter geben und mit dem Wasser und etwas Salz auffüllen.
2. Bei 100°C für 20 Minuten in den Dampfgarer stellen.
3. Die Spitzkohlblätter putzen und für 2 Minuten in einem gelochten Garbehälter ebenfalls dampfgaren.
4. Anschließend den Reis mit den Mandeln vermengen und mit Pfeffer würzen.
5. Diese Mischung auf den Spitzkohlblättern verteilen und einrollen. Die Enden umklappen und alles mit Zahnstochern fixieren.
6. Die Rouladen bei 100°C für 5 Minuten in einem gelochten Gareinsatz in den Dampfgarer stellen.

42. Gemüse-Couscous

Zutaten für 2 Portionen:

- 300 g Couscous
- 200 g Zucchini
- 150 g Karotten
- 150 g Kohlrabi
- 2 Paprika
- 3 EL Sojasauce
- Petersilie, gehackt
- Salz und Pfeffer

Nährwertangaben pro Portion:

- Kalorien: 176 kcal
- Kohlenhydrate: 22 g
- Fett: 4 g
- Eiweiß: 6 g

Zubereitungszeit: 30 Minuten

Zubereitung:

1. Zunächst den Couscous nach Packungsanweisung zubereiten.
2. Anschließend die Zucchini waschen, die Enden entfernen und das Gemüse in Scheiben schneiden. Die Karotten schälen und ebenfalls in Scheiben schneiden. Die Paprika waschen, entkernen und in Streifen schneiden. Den Kohlrabi schälen und würfeln.
3. Das Gemüse zusammen in eine Schüssel geben und die Sojasauce hinzufügen. Alles gut vermengen.
4. In einen gelochten Garbehälter geben und für 10 Minuten bei 100°C dampfgaren.
5. Den Couscous mit dem Gemüse vermengen und mit Salz, Pfeffer und Petersilie abschmecken.
6. Auf Tellern anrichten und genießen.

43. Frühlingsspargel

Zutaten für 2 Portionen:

- 200 g Spargel, weiß
- 100 g Erdbeeren
- 1 Frühlingszwiebel
- 1 TL Essig
- 1 EL Olivenöl
- Salz und Pfeffer

Nährwertangaben pro Portion:

- Kalorien: 172 kcal
- Kohlenhydrate: 4,7 g
- Fett: 15,3 g
- Eiweiß: 2,3 g

Zubereitungszeit: 25 Minuten

Zubereitung:

1. Zunächst den Spargel schälen und das holzige Ende entfernen.
2. In einen gelochten Gareinsatz legen und für 15 Minuten bei 100°C dampfgaren.
3. Währenddessen die Frühlingszwiebel putzen und in Ringe schneiden. Die Erdbeeren waschen, den Strunk entfernen und die Früchte in Scheiben schneiden.
4. Aus Olivenöl, Essig und den Gewürzen ein Dressing herstellen.
5. Den Spargel mit den Erdbeeren zusammen anrichten und mit dem Dressing verfeinern.

44. Kartoffel-Gurken mit Joghurt-Dip

Zutaten für 2 Portionen:

- 200 g Kartoffeln
- 100 g Salatgurke
- 50 ml Magerjoghurt
- 50 ml Gemüsebrühe
- 1 EL Dill, gehackt
- Salz und Pfeffer

Nährwertangaben pro Portion:

- Kalorien: 94 kcal
- Kohlenhydrate: 19 g
- Fett: 1 g
- Eiweiß: 4 g

Zubereitungszeit: 25 Minuten

Zubereitung:

1. Zunächst die Kartoffeln schälen und würfeln. Die Gurke schälen, halbieren, das Kerngehäuse mit einem Teelöffel herauslösen und ebenfalls in Würfel schneiden.
2. Beides in einen Gareinsatz ohne Löcher geben, mit der Gemüsebrühe auffüllen und mit Salz und Pfeffer würzen.
3. Für 15 Minuten bei 100°C in den Dampfgarer geben.
4. Anschließend das Gemüse abgießen und mit dem Joghurt vermengen.
5. Auf Tellern anrichten und mit dem Dill verfeinern.

45. Ratatouille

Zutaten für 2 Portionen:

- 1 Zucchini
- 1 Aubergine
- 1 Paprika
- 1 Knoblauchzehe
- 200 g Tomaten
- 1 Zwiebel
- 1 TL Tabasco
- 3 EL Tomatenmark
- Salz und Pfeffer

Nährwertangaben pro Portion:

- Kalorien: 175 kcal
- Kohlenhydrate: 24 g
- Fett: 1,2 g
- Eiweiß: 7,6 g

Zubereitungszeit: 25 Minuten

Zubereitung:

1. Zunächst die Zucchini waschen, die Enden entfernen und das Gemüse in Würfel schneiden. Mit der Aubergine genauso verfahren. Die Paprika waschen, entkernen und in Stücke schneiden. Die Tomaten waschen und würfeln. Die Knoblauchzehe schälen und fein hacken. Die Zwiebel schälen, halbieren und ebenfalls hacken.
2. Alles zusammen in eine Schüssel geben und mit Tabasco und Tomatenmark verrühren. Mit Salz und Pfeffer abschmecken und in einen Gareinsatz mit Löchern geben.
3. Bei 100°C für 15 Minuten dampfgaren.

46. Süßkartoffelspalten mit Knoblauchdip

Zutaten für 2 Portionen:

- 500 g Süßkartoffeln
- 1 Knoblauchzehe
- 200 ml Schmand
- 1 EL Olivenöl
- 2 EL Kräuter, gehackt
- Salz und Pfeffer

Nährwertangaben pro Portion:

- Kalorien: 559 kcal
- Kohlenhydrate: 62 g
- Fett: 26 g
- Eiweiß: 7 g

Zubereitungszeit: 45 Minuten

Zubereitung:

1. Zunächst die Kartoffeln schälen und in Viertel teilen.
2. Einen gelochten Gareinsatz mit Olivenöl einfetten und die Spalten hineinlegen.
3. Für 35 Minuten bei 100°C dampfgaren.
4. Währenddessen den Knoblauch schälen und pressen. Zusammen mit dem Schmand, den Kräutern und Gewürzen verrühren.
5. Süßkartoffeln mit dem Dip auf Tellern anrichten und genießen.

47. Kürbisspalten mit Mascarponehaube

Zutaten für 2 Portionen:

- 2 Kürbisse, Hokkaido
- 50 g Mascarpone
- 50 g Gorgonzola
- ½ EL Kürbiskerne
- Salz und Pfeffer

Nährwertangaben pro Portion:

- Kalorien: 664 kcal
- Kohlenhydrate: 83 g
- Fett: 20 g
- Eiweiß: 7 g

Zubereitungszeit: 35 Minuten

Zubereitung:

1. Als Erstes die Kürbisse waschen, halbieren, die Kerne entfernen und in Spalten schneiden.
2. In einen gelochten Gareinsatz legen und für 10 Minuten bei 100°C dampfgaren.
3. Währenddessen Mascarpone in eine Schüssel geben, den Gorgonzola hineinbröseln und mit den Gewürzen abschmecken.
4. Die Mascarpone-Mischung auf den Kürbisspalten verteilen und nochmals für 10 Minuten bei 200°C garen.
5. Die Kürbisspalten auf Tellern anrichten, mit den Kräutern und Kürbiskernen bestreuen und servieren.

48. Blumenkohl mit Paprikasauce

Zutaten für 2 Portionen:

- 1 Blumenkohl
- 1 Schalotte
- 1 Paprika
- 1 Zitrone
- 50 ml Gemüsebrühe
- 1 TL Olivenöl
- Salz und Pfeffer

Nährwertangaben pro Portion:

- Kalorien: 143 kcal
- Kohlenhydrate: 11 g
- Fett: 8 g
- Eiweiß: 5 g

Zubereitungszeit: 30 Minuten

Zubereitung:

1. Als Erstes den Blumenkohl gut waschen und in Röschen teilen. Die Zitronenschale mit einem Sparschäler abziehen.
2. Das Wasser im Dampfgarer mit Zitronenzesten und Salz verfeinern und den Blumenkohl in einem Gareinsatz mit Löchern hineingeben.
3. Für 20 Minuten bei 100°C dampfgaren.
4. Währenddessen die Paprika waschen, entkernen und in Stücke schneiden. Die Schalotte schälen, halbieren und hacken.
5. Beides zusammen mit der Gemüsebrühe in einen Gareinsatz ohne Löcher füllen und für 10 Minuten ebenfalls in den Dampfgarer geben.
6. Anschließend zusammen mit Öl in einen Mixer geben und pürieren. Mit Salz und Pfeffer würzen.
7. Die Blumenkohlröschen auf Tellern aufteilen und mit der Paprikasauce anrichten.

49. Marinierter Blumenkohl mit Tomaten

Zutaten für 2 Portionen:

- 1 Blumenkohl
- 2 Tomaten
- 1 Zwiebel
- 2 EL Tomatenmark
- 1 EL Olivenöl
- ½ TL Chilipulver
- ½ TL Curry
- Salz und Pfeffer

Nährwertangaben pro Portion:

- Kalorien: 128 kcal
- Kohlenhydrate: 8 g
- Fett: 8 g
- Eiweiß: 4,5 g

Zubereitungszeit: 30 Minuten

Zubereitung:

1. Zunächst den Blumenkohl waschen und in Röschen teilen. Die Tomaten waschen und vierteln. Die Zwiebeln schälen, halbieren und hacken.
2. Zwiebeln, Tomatenmark und Öl verrühren und den Blumenkohl mit der Paste einstreichen.
3. Alles in einen Gareinsatz ohne Löcher legen und für 20 Minuten bei 100°C garen.

50. Spargelauflauf

Zutaten für 2 Portionen:

- 300 g Spargel, weiß
- 30 g Emmentaler, geraspelt
- 1 Ei
- 1 Eigelb
- ½ TL Crème fraîche
- etwas Butter
- Salz und Pfeffer

Nährwertangaben pro Portion:

- Kalorien: 43 kcal
- Kohlenhydrate: 2 g
- Fett: 3 g
- Eiweiß: 2 g

Zubereitungszeit: 65 Minuten

Zubereitung:

1. Zunächst den Spargel schälen und das holzige Ende entfernen.
2. In einen gelochten Gareinsatz legen und für 10 Minuten bei 100°C dampfgaren.
3. Ein paar Spargelstangen zur Seite legen und die übrigen Spargelstangen zusammen mit dem Ei, Eigelb, Emmentaler, Crème fraîche, Salz und Pfeffer in einem Mixer pürieren.
4. Eine Auflaufform mit etwas Butter einfetten. Abwechselnd Spargelmasse und Spargelstangen schichten.
5. In den Dampfgarer stellen und bei 90°C für 45 Minuten garen.

51. Gefüllte Champignons mit Käsesauce

Zutaten für 2 Portionen:

- 250 g Champignons
- 125 g Sauerrahm
- 1 Ei
- 1 Eigelb
- 1 Eiweiß
- 50 g Emmentaler, geraspelt
- Brösel
- ½ Bund Petersilie
- Butter
- Salz und Pfeffer

Nährwertangaben pro Portion:

- Kalorien: 153 kcal
- Kohlenhydrate: 5,4 g
- Fett: 12 g
- Eiweiß: 21,7 g

Zubereitungszeit: 25 Minuten

Zubereitung:

1. Von den Champignons die Stile entfernen, das Gemüse putzen und würfeln.
2. Die Petersilie fein hacken.
3. Butter in einer Pfanne erhitzen und die Champignons-Stiele zusammen mit der Petersilie anrösten.
4. Die Brösel in eine Schüssel geben und das Ei sowie Salz und Pfeffer hinzugeben und vermengen.
5. Die Masse in die Pilze füllen und in einen ungelochten Gareinsatz legen.
6. Anschließend das Eiweiß steif schlagen.
7. Den Sauerrahm zusammen mit dem Emmentaler und dem Eigelb verrühren und den Eischnee unterheben.
8. Die Masse ebenfalls in den Gareinsatz geben und alles 15 Minuten bei 180°C garen.

52. Gedämpftes Gemüse mit Feta

Zutaten für 2 Portionen:

- 150 g Kartoffeln
- 100 g Tomaten
- 1 Aubergine
- 1 Zucchini
- 1 Fenchel
- 1 Knoblauchzehe
- 1 Chilischote
- 8 EL Olivenöl
- Frische Kräuter
- Fetakäse
- Salz und Pfeffer

Nährwertangaben pro Portion:

- Kalorien: 287 kcal
- Kohlenhydrate: 20 g
- Fett: 13 g
- Eiweiß: 16 g

Zubereitungszeit: 35 Minuten

Zubereitung:

1. Zunächst die Kartoffeln schälen und in Würfel schneiden. Die Tomaten waschen und würfeln. Die Aubergine sowie die Zucchini waschen, Strunk und Enden entfernen und das Gemüse in Würfel schneiden. Den Fenchel waschen und klein schneiden. Den Knoblauch schälen und fein hacken. Den Chilischote hacken. Den Feta zerbröseln.
2. Die Kartoffeln mit etwas Öl, Salz und Pfeffer vermengen und in einen ungelochten Gareinsatz legen.
3. Das übrige Gemüse zusammen mit dem restlichen Öl und den Kräutern mischen.
4. Die Kartoffeln bei 170°C für 25 Minuten garen. Nach 5 Minuten das Gemüse hinzugeben und mitgaren.
5. 10 Minuten vor Ende den Feta über das Gemüse streuen und schmelzen lassen.
6. Alles zusammen auf Tellern anrichten und servieren.

53. Kohlrouladen

Zutaten für 2 Portionen:

- 4 Wirsingblätter
- 100 g Reis
- 75 g Frischkäse
- 150 ml Gemüsebrühe
- 1 EL Petersilie, gehackt
- Pfeffer
- Zahnstocher

Nährwertangaben pro Portion:

- Kalorien: 184 kcal
- Kohlenhydrate: 14,5 g
- Fett: 9,1 g
- Eiweiß: 8 g

Zubereitungszeit: 25 Minuten

Zubereitung:

1. Als Erstes den Wirsing waschen.
2. Zusammen mit dem Reis und der Gemüsebrühe bei 100°C für 12 Minuten in einen ungelochten Gareinsatz geben und dampfgaren.
3. Anschließend den Reis zusammen mit dem Frischkäse, der Petersilie und dem Pfeffer mischen und die Masse auf die Wirsingblätter verteilen. Zusammenrollen und mit den Zahnstochern fixieren.
4. Die Kohlrouladen für 5 Minuten bei 100°C in einen Gareinsatz mit Löchern legen und fertig garen.
5. Zum Schluss die Kohlrouladen auf Tellern anrichten und servieren.

Fischgerichte

54. Lachsfilet

Zutaten für 2 Portionen:

- 2 Lachsfilets
- 2 Frühlingszwiebeln
- 1 Chilischote
- 1 EL Ingwer, gehackt
- 1 EL Petersilie, gehackt
- 1 EL Majoran, gehackt
- 1 EL Butter
- 1 Prise Cayennepfeffer

Nährwertangaben pro Portion:

- Kalorien: 230 kcal
- Kohlenhydrate: 4,5 g
- Fett: 12 g
- Eiweiß: 23 g

Zubereitungszeit: 25 Minuten

Zubereitung:

1. Den Lachs gut waschen und trocken tupfen.
2. Die Frühlingszwiebeln putzen und in Ringe schneiden. Die Chilischote fein hacken.
3. Den Lachs zusammen mit den übrigen Zutaten in den Dampfgarer legen und bei 70°C für 15 Minuten garen.

55. Zanderröllchen mit Möhren-Sellerie-Gemüse

Zutaten für 2 Portionen:

- 2 Zanderfilets
- 200 g Knollensellerie
- 200 g Möhren
- 150 ml Wasser
- 1 TL Senf
- 1 TL Balsamico
- Safranfäden
- Salz und Pfeffer
- Zahnstocher

Nährwertangaben pro Portion:

- Kalorien: 184 kcal
- Kohlenhydrate: 10 g
- Fett: 2 g
- Eiweiß: 30 g

Zubereitungszeit: 25 Minuten

Zubereitung:

1. Den Zander waschen und mit einem Tuch trocken tupfen. Mit etwas Salz einreiben und zusammenrollen. Die Röllchen mit den Zahnstochern fixieren.
2. Die Möhren putzen und in kleine Würfel schneiden. Den Sellerie schälen und ebenfalls würfeln.
3. Die Zanderröllchen zusammen mit dem Gemüse in einen gelochten Behälter legen und in den Dampfgarer geben.
4. Bei 100°C für 15 Minuten garen.
5. Währenddessen Wasser, Balsamico, Senf, Safranfäden, Salz und Pfeffer verrühren und in einen ungelochten Garbehälter geben.
6. Bei 100°C für 5 Minuten garen.
7. Alles zusammen auf Tellern anrichten und servieren.

56. Seelachsbällchen mit Gurkensalat

Zutaten für 2 Portionen:

- 200 g Seelachsfilet
- 1 Zwiebel
- 1 Knoblauchzehe
- 1 Ei
- 2 EL Limettensaft
- 2 EL Fischsauce
- 1 TL rote Currypaste
- ¼ Gurke
- 1 EL Sesamöl
- 1 EL Minze, gehackt
- 1 EL Koriander, gehackt
- 1 TL Rohrzucker
- 1 TL Reisessig
- Salz und Pfeffer

Nährwertangaben pro Portion:

- Kalorien: 266 kcal
- Kohlenhydrate: 8 g
- Fett: 11 g
- Eiweiß: 27 g

Zubereitungszeit: 30 Minuten

Zubereitung:

1. Den Seelachs waschen und mit einem Tuch trocken tupfen. Anschließend grob in Stücke schneiden. Die Zwiebel schälen und in Würfel schneiden. Den Knoblauch schälen und fein hacken.
2. Den Fisch zusammen mit Zwiebel, Knoblauch, Limettensaft, Ei, Currypaste und Fischsauce vermengen und mit einem Pürierstab oder einem Mixer pürieren.
3. Aus der Fischmasse mit den Händen kleine Bällchen formen und in einen gelochten Garbehälter legen.
4. Bei 100°C für 15 Minuten garen.
5. Währenddessen die Gurke waschen und in dünne Scheiben hobeln.
6. Sesamöl, Minze, Koriander, Rohrzucker, Reisessig, Salz und Pfeffer zu einem Dressing verrühren.
7. Die Seelachsbällchen zusammen mit dem Gurkensalat auf Tellern anrichten und servieren.

57. Schollenfilet auf Paprikagemüse

Zutaten für 2 Portionen:

- 2 Schollenfilets
- 3 Paprika: rot, gelb, grün
- 1 Zwiebel
- 1 EL Olivenöl
- Salz und Pfeffer

Nährwertangaben pro Portion:

- Kalorien: 279 kcal
- Kohlenhydrate: 16 g
- Fett: 10 g
- Eiweiß: 27 g

Zubereitungszeit: 40 Minuten

Zubereitung:

1. Zunächst den Fisch gut waschen und mit einem Tuch trocken tupfen. Mit Salz und Pfeffer einreiben und auf ein Garblech legen.
2. Die Paprika waschen, entkernen und in Streifen schneiden. Die Zwiebel schälen, halbieren und in kleine Würfel schneiden.
3. Paprika und Zwiebel zusammen mit dem Olivenöl ebenfalls auf das Garblech legen und bei 65°C für 30 Minuten garen.
4. Den Fisch zusammen mit dem Gemüse auf Tellern anrichten und genießen.

58. Lachs mit Zucchinigemüse

Zutaten für 2 Portionen:

- 2 Lachsfilets
- 1 Zucchini
- 1 EL Sesam
- 2 EL Butter
- 1 EL Sojasauce
- Salz und Pfeffer

Nährwertangaben pro Portion:

- Kalorien: 283 kcal
- Kohlenhydrate: 2,6 g
- Fett: 19 g
- Eiweiß: 22 g

Zubereitungszeit: 35 Minuten

Zubereitung:

1. Die Lachsfilets waschen und mit einem Tuch trocken tupfen.
2. Die Zucchini waschen, die Enden entfernen und das Gemüse in Scheiben schneiden.
3. Anschließend die Zucchinischeiben bei 100°C für 6 Minuten in einem gelochten Gareinsatz in den Dampfgarer legen.
4. Das Filet mit Salz und Pfeffer einreiben und zusammen mit Sesam, Butter und Sojasauce in einen ungelochten Gareinsatz legen. Bei 75°C für 15 Minuten garen.
5. Zum Schluss das Filet zusammen mit dem Zucchinigemüse anrichten und servieren.

59. Tomatenkabeljau mit Selleriepüree

Zutaten für 2 Portionen:

- 2 Kabeljaufilets
- 50 g getrocknete Tomaten in Öl
- 150 g Knollensellerie
- 50 g Zuckerschoten
- 2 Frühlingszwiebeln
- 25 ml Sahne
- 1 EL Mayonnaise
- 4 EL Paniermehl
- 1 EL Rosmarin, gehackt
- Salz und Pfeffer und Muskat

Nährwertangaben pro Portion:

- Kalorien: 345 kcal
- Kohlenhydrate: 13 g
- Fett: 20,4 g
- Eiweiß: 24 g

Zubereitungszeit: 35 Minuten

Zubereitung:

1. Den Sellerie schälen und in Würfel schneiden. Die Zuckerschoten waschen und in Rauten schneiden. Die Frühlingszwiebeln putzen und in Ringe schneiden.
2. Die Tomaten in den Mixer geben, pürieren und mit dem Paniermehl vermengen.
3. Das Kabeljaufilet waschen, mit einem Tuch trocken tupfen und die Tomatenmasse auf der Oberseite verteilen.
4. Den Sellerie in einen gelochten Gareinsatz legen und im Dampfgarer bei 100°C für 15 Minuten garen.
5. Den Fisch zusammen mit den Zuckerschoten und den Frühlingszwiebeln ebenfalls in einen gelochten Gareinsatz legen und im Dampfgarer bei 100°C für 10 Minuten garen.
6. Anschließend den Sellerie in eine Schüssel geben, mit 15 ml der Sahne pürieren und mit Salz und Muskat abschmecken.
7. Die restliche Sahne mit der Mayonnaise in ein Gefäß geben und verrühren.
8. Den Fisch zusammen mit dem Selleriepüree und dem Gemüse auf einem Teller anrichten, die Mayonnaise hinzugeben und mit dem Rosmarin garnieren.

60. Überbackenes Fischfilet

Zutaten für 2 Portionen:

- 2 Seefischfilets
- 150 g Reibekäse
- 3 EL Sahne
- 3 EL Paniermehl
- 1 EL Butter
- 2 EL Schnittlauch, gehackt
- 2 EL Petersilie, gehackt
- Salz und Pfeffer

Nährwertangaben pro Portion:

- Kalorien: 834 kcal
- Kohlenhydrate: 19 g
- Fett: 67 g
- Eiweiß: 54 g

Zubereitungszeit: 40 Minuten

Zubereitung:

1. Zunächst den Fisch gut abwaschen und mit einem Tuch trocken tupfen. Mit Salz einreiben.
2. Einen ungelochten Garbeinsatz mit der Butter einfetten und den Fisch hineinlegen.
3. Reibekäse zusammen mit der Sahne, dem Paniermehl und den Kräutern vermischen und mit Salz und Pfeffer würzen.
4. Den Gareinsatz bei 100°C für 10 Minuten in den Dampfgarer geben.

61. Gegarte Forelle auf Spinatbett

Zutaten für 2 Portionen:

- 2 Forellen
- 500 g Blattspinat
- 1 Zwiebel
- 1 Zitrone
- 150 ml Sahne
- 150 ml Gemüsebrühe
- 1 Bund Dill
- 1 EL Butter
- Muskat
- Salz und Pfeffer

Zubereitungszeit: 35 Minuten

Nährwertangaben pro Portion:

- Kalorien: 546 kcal
- Kohlenhydrate: 17 g
- Fett: 26,5 g
- Eiweiß: 30 g

Zubereitung:

1. Zunächst den Spinat gut putzen und klein schneiden. In einen ungelochten Gareinsatz geben und bei 100°C für 3 Minuten dampfen.
2. Die Zitrone waschen und die Schale abreiben. Anschließend halbieren und den Saft auspressen.
3. Die Zwiebel schälen, halbieren und in feine Würfel schneiden.
4. Den Dill fein hacken, die Forellen gut waschen und mit einem Tuch trocken tupfen. Mit Salz und Pfeffer würzen und die Zitronenzesten, die Butter und den Dill in die Forellen geben. Etwas Zitronensaft über die Forellenhaut geben.
5. Die Sahne zusammen mit der Gemüsebrühe, den Zwiebelwürfeln und den Gewürzen in eine Schüssel geben und verrühren.
6. Den Fisch in einen ungelochten Gareinsatz legen, mit der Sahne-Mischung übergießen und bei 100°C für 15 Minuten garen.
7. Den Spinat auf Tellern anrichten und die Forellen auflegen.

62. Lachsfilet auf Spinat-Tomaten-Gemüse

Zutaten für 2 Portionen:

- 2 Lachsfilets
- 500 g Blattspinat
- 1 Tomate
- 1 Zwiebel
- 1 Knoblauchzehe
- 1 Zitrone
- Reibekäse
- Muskat
- Salz und Pfeffer

Nährwertangaben pro Portion:

- Kalorien: 230 kcal
- Kohlenhydrate: 10 g
- Fett: 9 g
- Eiweiß: 25 g

Zubereitungszeit: 20 Minuten

Zubereitung:

1. Zunächst den Spinat putzen und klein schneiden. Die Tomate waschen und würfeln. Die Zwiebel schälen, halbieren und in feine Würfel schneiden. Den Knoblauch schälen und fein hacken.
2. Das Lachsfilet waschen und mit einem Tuch trocken tupfen. Die Zitrone halbieren. Den Fisch mit den Gewürzen, Knoblauch und Zwiebel einreiben und mit etwas Zitronensaft beträufeln.
3. Den Fisch in einen ungelochten Gareinsatz legen und bei 100°C für 5 Minuten im Dampfgarer garen.
4. Den Spinat zusammen mit dem Reibekäse, der Tomate, dem Knoblauch und den Zwiebeln ebenfalls in einen ungelochten Gareinsatz legen und mit den restlichen Gewürzen abschmecken. Bei 100°C für 5 Minuten garen.
5. Das Gemüse auf Tellern aufteilen und den Fisch auflegen.

63. Würzige Dorade mit Blumenkohl

Zutaten für 2 Portionen:

- 2 Doraden
- 1 Blumenkohl
- 1 Zwiebel
- 1 Zitrone
- 1 TL Chili, gehackt
- Salz und Pfeffer

Nährwertangaben pro Portion:

- Kalorien: 277 kcal
- Kohlenhydrate: 6 g
- Fett: 15 g
- Eiweiß: 28 g

Zubereitungszeit: 60 Minuten

Zubereitung:

1. Zunächst die Doraden waschen und mit einem Tuch trocken tupfen. Die Haut mit einem Messer mehrmals einritzen und mit Salz und Pfeffer würzen.
2. Den Blumenkohl waschen und in kleine Röschen teilen. Die Zwiebel schälen, halbieren und in feine Würfel schneiden. Die Zitrone halbieren und auspressen.
3. Die Doraden mit Chili und Zwiebeln füllen und mit dem Zitronensaft beträufeln. Für 30 Minuten in den Kühlschrank stellen.
4. Anschließend den Blumenkohl in einen gelochten Gareinsatz geben und den Fisch auflegen. Bei 70°C für 12 Minuten garen.
5. Zum Schluss den Fisch zusammen mit dem Blumenkohl auf Tellern anrichten und genießen.

64. Schollenfilets auf Tomatengemüse

Zutaten für 2 Portionen:

- 2 Schollenfilets
- 500 g Tomaten
- 4 EL Joghurt
- 1 TL Senf
- 1 EL Honig
- 1 EL Butter
- 1 TL Sesam
- Salz und Pfeffer

Nährwertangaben pro Portion:

- Kalorien: 220 kcal
- Kohlenhydrate: 17 g
- Fett: 8 g
- Eiweiß: 27 g

Zubereitungszeit: 25 Minuten

Zubereitung:

1. Zunächst die Schollenfilets waschen und mit einem Tuch trocken tupfen. Anschließend mit Salz und Pfeffer würzen.
2. Die Tomaten waschen und in kleine Würfel schneiden. Diese zusammen mit dem Fisch in einen ungelochten Gareinsatz legen und bei 85°C für 8 Minuten garen.
3. Währenddessen Butter in einer Pfanne erhitzen und den Sesam darin anrösten. Zusammen mit Joghurt, Honig und Senf in einer Schüssel verrühren und mit Salz und Pfeffer abschmecken.
4. Die Schollenfilets zusammen mit dem Tomatengemüse und der Joghurtsauce auf Tellern anrichten und genießen.

65. Kabeljaukotelettes mit schaumiger Senfsauce

Zutaten für 2 Portionen:

- 2 Kabeljaukoteletts
- 2 EL Senf
- 2 Eigelb
- 50 ml Weißwein
- 1 EL Olivenöl
- 1 EL Sahne
- 1 Prise Chili
- Salz und Pfeffer

Nährwertangaben pro Portion:

- Kalorien: 303 kcal
- Kohlenhydrate: 1 g
- Fett: 2,4 g
- Eiweiß: 27 g

Zubereitungszeit: 45 Minuten

Zubereitung:

1. Als Erstes die Filets waschen und mit einem Tuch trocken tupfen. Anschließend mit Salz und Pfeffer würzen und in einen ungelochten Gareinsatz legen. Bei 100°C für 10 Minuten garen.
2. Währenddessen das Eigelb zusammen mit dem Senf, dem Weißwein, dem Olivenöl, der Sahne und dem Chili über einem Wasserbad schaumig rühren.
3. Nach dem Garvorgang die Haut und die Gräten entfernen und den Fisch zusammen mit der Sauce servieren.

66. Seelachs-Cannelloni mit Dip

Zutaten für 2 Portionen:

- 6 Cannelloni
- 100 g Seelachsfilet
- 100 g Garnelen
- 1 Zwiebel
- 1 Stange Zitronengras
- 1 Limette
- 2 EL Rohrzucker
- 2 EL Fischsauce
- 1 EL Sesamöl
- 1 EL Reisessig
- 1 TL Koriander, gehackt
- 1 TL Ingwer, gehackt
- ¼ TL Chili, gehackt
- Salz und Pfeffer

Nährwertangaben pro Portion:

- Kalorien: 344 kcal
- Kohlenhydrate: 27 g
- Fett: 13 g
- Eiweiß: 28 g

Zubereitungszeit: 60 Minuten

Zubereitung:

1. Als Erstes das Filet waschen und trocken tupfen. Die Garnelen waschen und die Därme entfernen.
2. Die Zwiebel schälen, halbieren und in Würfel schneiden.
3. Die Seelachsfilets in grobe Stücke schneiden und mit den Garnelen, dem Chili, dem Ingwer, den Zwiebeln, dem Koriander, Salz und Pfeffer in einen Mixer geben und pürieren.
4. Das Fischpüree in die Cannelloni füllen.
5. Die Limette waschen und in Scheiben schneiden. Das Zitronengras in Ringe schneiden. Beides in einen gelochten Gareinsatz legen und die Cannelloni hinzugeben.
6. Bei 100°C für 15 Minuten garen.
7. Währenddessen die Fischsauce zusammen mit dem Essig und dem Sesamöl verrühren und den Zucker hinzufügen.
8. Die Cannelloni auf Tellern anrichten und mit dem Dip servieren.

67. Rotbarschfilet mit Tomaten-Zucchini-Gemüse

Zutaten für 2 Portionen:

- Rotbarschfilets
- 1 Zucchini
- 500 g Tomaten
- 1 Zwiebel
- 2 EL Olivenöl
- 1 TL Chili, gehackt
- 2 EL Kräuter, gemischt und gehackt
- Salz und Pfeffer

Nährwertangaben pro Portion:

- Kalorien: 367 kcal
- Kohlenhydrate: 13 g
- Fett: 21 g
- Eiweiß: 27,5 g

Zubereitungszeit: 25 Minuten

Zubereitung:

1. Zuerst die Zucchini waschen, die Enden entfernen und das Gemüse in Würfel schneiden. Die Tomaten waschen und ebenfalls würfeln. Die Zwiebel schälen, halbieren und hacken. Alles zusammen mit dem Olivenöl, der Chili und den Kräutern in einen ungelochten Gareinsatz legen und mit Salz und Pfeffer würzen.
2. Die Rotbarschfilets waschen und mit einem Tuch trocken tupfen. Mit Salz einreiben und in einen gelochten Gareinsatz legen.
3. Beide Gareinsätze in den Dampfgarer geben und bei 100°C für 10 Minuten garen.
4. Die Rotbarschfilets zusammen mit dem Zucchini-Tomatengemüse auf Tellern anrichten und servieren.

68. Pangasiusfiletröllchen in Weißweinsauce

Zutaten für 2 Portionen:

- 2 Pangasiusfilets
- 1 Zwiebel
- 3 EL rotes Pesto
- 100 ml Sahne
- 100 ml Fischfond
- 100 ml Weißwein
- 1 EL Balsamico
- 1 EL Butter
- Muskat
- Salz und Pfeffer
- Zahnstocher

Nährwertangaben pro Portion:

- Kalorien: 458 kcal
- Kohlenhydrate: 4 g
- Fett: 5,4 g
- Eiweiß: 30 g

Zubereitungszeit: 30 Minuten

Zubereitung:

1. Zuerst die Filets waschen und mit einem Tuch trocken tupfen. Anschließend halbieren und das Pesto auf der Hautseite der Filets verteilen. Zu Röllchen rollen und mit den Zahnstochern fixieren.
2. Die Fischröllchen in einen gelochten Gareinsatz legen und bei 85°C für 10 Minuten garen.
3. Währenddessen die Zwiebel schälen, halbieren und hacken.
4. Butter in einer Pfanne erhitzen und die Zwiebel darin glasig dünsten.
5. Mit Weißwein ablöschen und den Fischfond mit der Sahne anrühren. Den Sud mit Balsamico würzen und mit den Gewürzen abschmecken.
6. Die Fischröllchen mit der Sauce anrichten und servieren.

69. Tintenfisch mit Garnelencreme und Mango

Zutaten für 2 Portionen:

- 2 Tintenfische
- 150 g Garnelen, geschält, ohne Darm
- ½ Mango
- 50 g Erdnüsse
- 50 ml Fischfond
- 50 ml Sahne
- 2 EL Sojasauce
- 2 TL Fischsauce
- 2 EL Pflaumenmus
- 1 EL Erdnussöl
- Saft einer halben Limette
- Salz und Pfeffer und Zahnstocher

Nährwertangaben pro Portion:

- Kalorien: 577 kcal
- Kohlenhydrate: 23 g
- Fett: 33 g
- Eiweiß: 43 g

Zubereitungszeit: 50 Minuten

Zubereitung:

1. Zuerst die Garnelen waschen und trocken tupfen. Anschließend fein hacken und zusammen mit Limettensaft, 1 EL Sojasauce und 1 TL Fischsauce verrühren.
2. Den Tintenfisch gut waschen und ebenfalls trocken tupfen.
3. Die Tentakeln des Tintenfischs abschneiden und klein schneiden.
4. Die Garnelencreme in die Tintenfische geben. Damit nichts herausläuft, die Öffnung mit Zahnstochern verschließen.
5. In einen gelochten Gareinsatz geben und bei 100°C für 20 Minuten garen.
6. Währenddessen das Öl in einer Pfanne erhitzen und die Nüsse darin rösten.
7. Den Fischfond zusammen mit der Fischsauce, der Sojasauce und dem Pflaumenmus in einen Topf geben und kochen lassen.
8. Die Mango waschen und in Würfel schneiden.
9. Die Tintenfische zusammen mit den Mangowürfeln und den Erdnüssen auf Tellern anrichten und mit der Sauce verfeinern.

70. Schollenfilets mit Brokkoli-Gemüse

Zutaten für 2 Portionen:

- 2 Schollenfilets
- 100 g Brokkoli
- 100 g Lauch
- 100 g Cocktailtomaten
- 4 EL Joghurt
- 1 TL Honig
- 1 TL Senf
- Salz und Pfeffer

Nährwertangaben pro Portion:

- Kalorien: 197 kcal
- Kohlenhydrate: 15 g
- Fett: 7 g
- Eiweiß: 17 g

Zubereitungszeit: 45 Minuten

Zubereitung:

1. Zuerst den Brokkoli waschen und in Röschen teilen. Den Lauch putzen und in Ringe schneiden. Die Tomaten waschen und würfeln.
2. Das Gemüse in einen gelochten Gareinsatz legen und im Dampfgarer bei 100°C für 20 Minuten garen.
3. Den Fisch waschen und mit einem Tuch trocken tupfen. Mit Salz würzen und nach 12 Minuten ebenfalls in den Gareinsatz legen.
4. Währenddessen aus dem Joghurt zusammen mit Honig und Senf einen Dip herstellen. Diesen mit Salz und Pfeffer abschmecken.
5. Die Schollenfilets zusammen mit dem Gemüse anrichten und zusammen mit dem Dip servieren.

71. Garnelen mit Spargelmix und Weißweinsauce

Zutaten für 2 Portionen:

- 6 Riesengarnelen, geschält und vorgekocht
- 200 g Spargel, grün
- 200 g Spargel, weiß
- 1 Zwiebel
- 2 EL Nussöl
- 2 EL Weißweinessig
- 1 EL Weißwein
- 1 EL Zitronensaft
- 1 EL Kresse, gehackt
- 1 EL Estragon, gehackt
- 1 EL Kerbel, gehackt
- 1 EL Schnittlauch, gehackt
- Salz und Pfeffer

Nährwertangaben pro Portion:

- Kalorien: 322 kcal
- Kohlenhydrate: 12 g
- Fett: 8 g
- Eiweiß: 45 g

Zubereitungszeit: 40 Minuten

Zubereitung:

1. Zuerst den weißen Spargel schälen und das holzige Ende entfernen . Beim grünen Spargel ebenfalls das Ende abschneiden.
2. Den weißen Spargel in einen gelochten Gareinsatz legen und im Dampfgarer für 2 Minuten bei 100°C garen.
3. Nach den 2 Minuten den grünen Spargel ebenfalls in den Gareinsatz legen und zusammen mit dem weißen Spargel für 7 Minuten bei 100°C garen.
4. Die Riesengarnelen waschen, trocken tupfen und in einen gelochten Gareinsatz legen. Für 2 Minuten bei 100°C in den Dampfgarer geben.
5. Währenddessen Weißweinessig zusammen mit Weißwein, Nussöl, Zitronensaft und den Kräutern vermengen und mit Salz und Pfeffer abschmecken. Dann den Spargel zusammen mit den Garnelen auf Tellern anrichten und mit der Sauce beträufeln.

72. Garnelen mit Fenchelgemüse und Reis

Zutaten für 2 Portionen:

- 200 g Garnelen
- 200 g Langkornreis
- 100 g Fenchel
- 1 Knoblauchzehe
- 400 ml Gemüsebrühe
- 1 EL Dill, gehackt
- Salz und Pfeffer

Nährwertangaben pro Portion:

- Kalorien: 516 kcal
- Kohlenhydrate: 75 g
- Fett: 9 g
- Eiweiß: 27 g

Zubereitungszeit: 30 Minuten

Zubereitung:

1. Zunächst den Knoblauch schälen und fein hacken. Den Fenchel waschen und in Ringe schneiden. Die Garnelen waschen und trocken tupfen.
2. Die Hälfte des Knoblauchs mit dem Reis in einen ungelochten Gareinsatz geben und mit der Gemüsebrühe auffüllen. Bei 100°C für 25 Minuten bissfest garen. Dabei gelegentlich umrühren, bis die Brühe aufgesogen ist.
3. Anschießend den Fenchel zusammen mit den Garnelen in einen gelochten Gareinsatz legen und bei 100°C für 5 Minuten in den Dampfgarer geben.
4. Zum Schluss die Garnelen, den Fenchel und den Reis vermengen und auf Tellern angerichtet servieren.

73. Forelle Müllerin

Zutaten für 2 Portionen:

- 2 Forellen
- 1 Zwiebel
- 3 Knoblauchzehen
- 250 ml Weißwein
- 50 ml Wasser
- 1 TL Balsamico
- 2 EL Mehl
- ½ Bund Kräuter, gehackt
- Salz und Pfeffer

Nährwertangaben pro Portion:

- Kalorien: 376 kcal
- Kohlenhydrate: 6 g
- Fett: 11 g
- Eiweiß: 40 g

Zubereitungszeit: 25 Minuten

Zubereitung:

1. Zunächst die Forelle waschen und die Innereien entfernen. Mit Salz und Pfeffer würzen und mit Mehl einreiben.
2. Den Knoblauch schälen und fein hacken. Die Zwiebel schälen und halbieren.
3. Die Kräuter mit dem Knoblauch vermischen und einen Teil der Mischung in die Forelle geben.
4. Die restliche Kräutermischung in einen ungelochten Gareinsatz geben und die Forellen zusammen mit den Zwiebeln hineinlegen. Mit Weißwein, Wasser und Balsamico auffüllen und bei 100°C für 15 Minuten garen.
5. Auf Tellern anrichten und genießen.

74. Garnelen

Zutaten für 2 Portionen:

- 6 Garnelen
- 1 Knoblauchzehe
- 1 Frühlingszwiebel
- 1 EL Austernsauce
- 1 EL Sojasauce
- 1 TL Koriander, gehackt
- Salz und Pfeffer

Nährwertangaben pro Portion:

- Kalorien: 107 kcal
- Kohlenhydrate: 5 g
- Fett: 1 g
- Eiweiß: 19 g

Zubereitungszeit: 10 Minuten

Zubereitung:

1. Zunächst die Garnelen waschen und Köpfe und Därme entfernen.
2. Den Knoblauch schälen und fein hacken. Die Frühlingszwiebeln putzen und ebenfalls hacken.
3. Aus Frühlingszwiebeln, Knoblauch, Koriander, Austernsauce und Sojasauce eine Marinade herstellen und die Garnelen darin wenden. Kurz einziehen lassen und in einen gelochten Gareinsatz legen.
4. Für 2 Minuten bei 100°C dampfgaren.

75. Rotbarschfilet mit Kräuterbutter

Zutaten für 2 Portionen:

- 350 g Rotbarschfilet
- 180 g Möhren
- 120 g Lauch
- 150 g Sellerie
- 4 Zitronenscheiben
- 4 Dillstiele
- 1 EL Zitronensaft
- 1 TL Zitronenschalen
- 1 EL Öl
- 30 g Butter
- Salz und Pfeffer

Zubereitungszeit: 15 Minuten

Nährwertangaben pro Portion:

- Kalorien: 380 kcal
- Kohlenhydrate: 5 g
- Fett: 24 g
- Eiweiß: 34 g

Zubereitung:

1. Zunächst die Möhren schälen und in Streifen schneiden. Den Lauch putzen und in Ringe schneiden. Den Sellerie schälen und ebenfalls in Streifen schneiden.
2. Das Gemüse mit Salz und Pfeffer würzen und mit den Zitronenzesten in einen gelochten Gareinsatz geben.
3. Das Rotbarschfilet waschen und in Stücke schneiden. Mit Salz und Pfeffer würzen und mit dem Zitronensaft beträufeln.
4. Den Fisch in einen weiteren gelochten Gareinsatz legen und im Dampfgarer über dem Gemüse platzieren.
5. Bei 100°C für 10 Minuten dampfgaren.
6. Währenddessen den Dill abwaschen und fein hacken.
7. Öl und Butter in einer Pfanne erhitzen und den Dill darin anrösten. Mit Salz und Pfeffer würzen.
8. Den Fisch mit der Butter übergießen und servieren.

76. Pangasiusfilet mit Brokkolikruste

Zutaten für 2 Portionen:

- 2 Pangasiusfilet
- 200 g Brokkoli
- 2 Eigelb
- 2 EL Mehl
- 1 TL Backpulver
- Salz und Pfeffer

Nährwertangaben pro Portion:

- Kalorien: 245 kcal
- Kohlenhydrate: 10 g
- Fett: 35 g
- Eiweiß: 7 g

Zubereitungszeit: 25 Minuten

Zubereitung:

1. Zuerst den Brokkoli waschen und in Röschen teilen. In einen gelochten Gareinsatz legen und bei 100°C für 6 Minuten dampfgaren.
2. Anschließend pürieren und mit Mehl und Ei vermengen. Mit Salz und Pfeffer würzen.
3. Die Filets gut waschen und mit Salz und Pfeffer würzen. Die Brokkolimasse auf der Oberseite verteilen und in den gelochten Gareinsatz legen.
4. Für 10 Minuten bei 90°C dampfgaren.
5. Auf Tellern anrichten und servieren.

77. Lachs-Gurken-Ragout

Zutaten für 2 Portionen:

- 350 g Lachs
- 500 g Gurken
- 50 g Joghurt
- 50 ml Gemüsebrühe
- 1 ½ TL Senf
- ½ TL Zitronensaft
- Salz und Pfeffer

Nährwertangaben pro Portion:

- Kalorien: 320 kcal
- Kohlenhydrate: 6 g
- Fett: 14 g
- Eiweiß: 40 g

Zubereitungszeit: 20 Minuten

Zubereitung:

1. Zuerst die Gurken schälen, die Enden entfernen und das Gemüse in Würfel schneiden. Den Lachs waschen und ebenfalls würfeln.
2. Beides mit Salz und Pfeffer würzen und in einen ungelochten Gareinsatz legen.
3. Mit der Gemüsebrühe auffüllen und bei 100°C für 15 Minuten dampfgaren.
4. Zum Schluss Joghurt und Senf in die Brühe geben, verrühren und das Ragout auf Tellern angerichtet servieren.

Fleischgerichte

78. Gegarte Hähnchenkeulen

Zutaten für 2 Portionen:

- 4 Hähnchenkeulen
- 100 ml Geflügelfond
- 4 Frühlingszwiebeln
- 2 EL Olivenöl
- Currypulver
- Pfeffer

Nährwertangaben pro Portion:

- Kalorien: 625 kcal
- Kohlenhydrate: 1 g
- Fett: 45 g
- Eiweiß: 51 g

Zubereitungszeit: 40 Minuten

Zubereitung:

1. Zunächst die Hähnchenkeulen gut waschen, mit einem Tuch trocken tupfen und mit Pfeffer und Curry einreiben.
2. Einen Gareinsatz ohne Löcher einfetten und die Keulen hineinlegen.
3. Bei 200°C für 35 Minuten in den Dampfgarer geben.
4. Währenddessen die Frühlingszwiebeln putzen und in Ringe schneiden.
5. Die Frühlingszwiebeln mit dem Geflügelfond mischen und nach und nach zu den Hähnchenkeulen geben.
6. Die fertig gegarten Hähnchenkeulen auf Tellern anrichten und genießen.

79. Hähnchenbrust in fruchtiger Mangosauce

Zutaten für 2 Portionen:

- 200 g Hähnchenbrustfilet
- 1 Mango
- 50 ml Wasser
- 100 ml Sahne
- 2 EL Orangensaft
- 2 TL Senf
- 1 TL Kurkuma
- 1 TL Curry
- Salz und Pfeffer

Nährwertangaben pro Portion:

- Kalorien: 325 kcal
- Kohlenhydrate: 16 g
- Fett: 17 g
- Eiweiß: 23 g

Zubereitungszeit: 30 Minuten

Zubereitung:

1. Zunächst das Filet waschen, mit einem Tuch trocken tupfen und mit Salz und Pfeffer würzen.
2. Das Filet anschließend in einen gelochten Gareinsatz legen.
3. Die Mango schälen, entkernen und in Würfel schneiden. Die Hälfte der Mango zusammen mit Senf, Kurkuma, Curry, Salz und Pfeffer in einen ungelochten Gareinsatz legen.
4. Beide Gareinsätze in den Dampfgarer geben, den Fleischbehälter dabei nach oben. Bei 140°C für 20 Minuten garen.
5. Anschließend die gegarte Mango zusammen mit Orangensaft und Wasser pürieren.
6. Das Hähnchenbrustfilet mit den übrigen Mangowürfeln anrichten und mit der Mangosauce verfeinern.

80. Gefülltes Hähnchenbrustfilet

Zutaten für 2 Portionen:

- 2 Hähnchenbrustfilets
- 50 g Rucola
- 150 g Feta
- 1 Zwiebel
- 2 EL Olivenöl
- Salz und Pfeffer

Nährwertangaben pro Portion:

- Kalorien: 474 kcal
- Kohlenhydrate: 6 g
- Fett: 35 g
- Eiweiß: 42 g

Zubereitungszeit: 35 Minuten

Zubereitung:

1. Den Rucola waschen und klein schneiden. Den Feta in Würfel schneiden. Die Zwiebel schälen, halbieren und grob hacken.
2. Alles zusammen mit dem Olivenöl in einen Mixer geben und pürieren. Mit Salz und Pfeffer abschmecken.
3. Die Hähnchenbrustfilets waschen, trocken tupfen, mit einem Messer der Länge nach aufschneiden und mit Salz und Pfeffer würzen.
4. Die Rucola-Mischung in die Filets füllen und in einen ungelochten Gareinsatz legen. Bei 100°C für 20 Minuten garen.

81. Hähnchen auf Gemüsebett

Zutaten für 2 Portionen:

- 2 Hähnchenbrustfilets
- 1 Paprika, gelb
- 1 Zwiebel
- 1 Knoblauchzehe
- 200 g Spitzkohl
- 2 EL Sojasauce
- 2 EL Olivenöl
- Salz und Pfeffer

Nährwertangaben pro Portion:

- Kalorien: 322 kcal
- Kohlenhydrate: 9 g
- Fett: 17 g
- Eiweiß: 31 g

Zubereitungszeit: 20 Minuten

Zubereitung:

1. Die Hähnchenbrustfilets waschen und mit einem Tuch trocken tupfen. Mit Salz und Pfeffer würzen und in einen ungelochten Garbehälter legen.
2. Bei 100°C für 10 Minuten in den Dampfgarer geben.
3. Währenddessen den Spitzkohl in Streifen schneiden. Die Paprika waschen, entkernen und ebenfalls in Streifen schneiden. Die Zwiebel schälen, halbieren und hacken. Den Knoblauch schälen und fein hacken.
4. Das Gemüse zusätzlich in den Gareinsatz legen und weitere 7 Minuten garen.
5. Das Hähnchen zusammen mit dem Gemüse auf Tellern anrichten und servieren.

82. Schweinemedaillons mit Brokkoli-Rahm-Gemüse

Zutaten für 2 Portionen:

- 200 g Schweinemedaillons
- 200 g Brokkoli
- 200 ml Sahne
- Paprikapulver
- Salz und Pfeffer

Nährwertangaben pro Portion:

- Kalorien: 637 kcal
- Kohlenhydrate: 7 g
- Fett: 54 g
- Eiweiß: 26 g

Zubereitungszeit: 25 Minuten

Zubereitung:

1. Die Medaillons gut waschen, abtrocknen und mit Salz, Pfeffer und Paprikapulver würzen.
2. In einen ungelochten Gareinsatz legen und bei 100°C für 12 Minuten in den Dampfgarer geben.
3. Währenddessen den Brokkoli waschen und in Röschen teilen. In einen ungelochten Gareinsatz legen, mit der Sahne auffüllen und für 15 Minuten bei 100°C garen.
4. Die Medaillons zusammen mit dem Brokkoli-Rahm-Gemüse anrichten und servieren.

83. Hähnchenwraps

Zutaten für 2 Portionen:

- 2 Hähnchenbrustfilets
- 1 Paprika, grün
- 1 Zucchini
- 1 Zwiebel
- 1 Knoblauchzehe
- 2 Wraps
- 2 EL Olivenöl
- Oregano
- Salz und Pfeffer

Nährwertangaben pro Portion:

- Kalorien: 563 kcal
- Kohlenhydrate: 64 g
- Fett: 17,2 g
- Eiweiß: 37 g

Zubereitungszeit: 40 Minuten

Zubereitung:

1. Die Hähnchenbrustfilets unter fließendem Wasser gut abwaschen und anschließend abtrocknen. In Streifen schneiden.
2. Aus Olivenöl und den Gewürzen eine Marinade herstellen und das Fleisch darin einlegen. Für 20 Minuten ziehen lassen.
3. Währenddessen die Paprika waschen, entkernen und in Streifen schneiden. Die Zucchini waschen, die Enden entfernen und das Gemüse in Scheiben schneiden. Die Zwiebel schälen, halbieren und hacken. Die Knoblauchzehe schälen und fein hacken.
4. Das Gemüse zusammen mit dem Fleisch in einen ungelochten Gareinsatz legen und bei 100°C für 15 Minuten in den Dampfgarer geben. Dabei gelegentlich umrühren.
5. Die Wraps ausbreiten und mit der Fleisch-Gemüse-Mischung füllen. Zusammenrollen und genießen.

84. Hähnchenbrust asiatische Art

Zutaten für 2 Portionen:

- 2 Hähnchenbrustfilets
- 100 g Lauch
- 100 g Möhren
- 50 g Pak Choi
- 400 ml Gemüsebrühe
- 2 EL Sojasauce
- 2 EL Sesamöl
- 1 TL Limettensaft
- 2 EL Ingwer, gehackt
- 2 EL Koriander, gehackt
- 1 TL Rohrzucker
- 1 TL Speisestärke

Nährwertangaben pro Portion:

- Kalorien: 393 kcal
- Kohlenhydrate: 15 g
- Fett: 13 g
- Eiweiß: 52 g

Zubereitungszeit: 30 Minuten

Zubereitung:

1. Die Hähnchenbrustfilets unter fließendem Wasser abwaschen und trocken tupfen. Mit dem Sesamöl einpinseln.
2. Den Lauch putzen und in Ringe schneiden. Die Möhren schälen und in Scheiben schneiden. Den Pak Choi waschen und klein schneiden.
3. Die Gemüsebrühe in eine Schüssel geben und mit Limettensaft, Sojasauce, Rohrzucker, Speisestärke und Koriander verrühren.
4. Das Gemüse zusammen mit dem Filet in einen ungelochten Gareinsatz legen und mit der Gemüsebrühe auffüllen.
5. Für 20 Minuten bei 100°C in den Dampfgarer geben.

85. Putenspieße mit süßer Tomaten-Balsamico-Sauce

Zutaten für 2 Portionen:

- 250 g Putenfleisch
- 1 Paprika, gelb
- 125 ml Hühnerbrühe
- 1 EL Zucker
- 1 EL Butter
- 1 TL Balsamico-Essig
- 1 TL Tomatenmark
- Salz
- Holzspieße

Nährwertangaben pro Portion:

- Kalorien: 228 kcal
- Kohlenhydrate: 12 g
- Fett: 5 g
- Eiweiß: 32 g

Zubereitungszeit: 40 Minuten

Zubereitung:

1. Das Putenfleisch gut abwaschen und abtrocknen. Anschließend in Würfel schneiden.
2. Die Paprika waschen, entkernen und klein schneiden.
3. Abwechselnd Putenfleisch und Paprika auf die Holzspieße geben und die Spieße auf die Garplatte legen. Bei 100°C für 20 Minuten garen.
4. Währenddessen den Zucker in einen Topf geben, erhitzen und karamellisieren lassen. Mit der Brühe ablöschen und die Butter einrühren. Unter ständigem Rühren für 3 Minuten kochen und den Balsamico sowie das Tomatenmark hineinrühren.
5. Die Sauce mit dem Salz würzen und zusammen mit den Putenspießen anrichten.

86. Hähnchenbrust mit Tomaten-Möhren-Gemüse

Zutaten für 2 Portionen:

- 2 Hähnchenbrustfilets
- 2 Möhren
- 4 Tomaten
- 1 Zwiebel
- 2 EL Senf
- 200 ml Sahne
- 1 EL Speisestärke
- Salz

Nährwertangaben pro Portion:

- Kalorien: 692 kcal
- Kohlenhydrate: 26 g
- Fett: 37 g
- Eiweiß: 55 g

Zubereitungszeit: 30 Minuten

Zubereitung:

1. Zunächst die Hähnchenbrustfilets unter fließendem Wasser waschen und mit einem Tuch trocken tupfen. Mit Salz würzen und in einen gelochten Gareinsatz legen.
2. Bei 100°C für 10 Minuten in den Dampfgarer geben.
3. Währenddessen Sahne, Senf und Speisestärke verrühren und in einen ungelochten Gareinsatz füllen. Ebenfalls in den Dampfgarer, unter den Fleischbehälter stellen und für 5 Minuten erwärmen.
4. Die Möhren schälen und in Scheiben schneiden. Die Tomaten waschen und in Würfel schneiden. Die Zwiebel schälen, halbieren und hacken. In einen dritten Gareinsatz legen. Dieser sollte Löcher haben. Ebenfalls in den Dampfgarer geben und für 5 Minuten garen.
5. Das Hähnchenbrustfilet zusammen mit dem Gemüse anrichten und mit der Sauce verfeinern.

87. Süße Entenbrustfilets

Zutaten für 2 Portionen:

- 2 Entenbrustfilets
- 4 EL Honig
- 150 ml Rotwein
- 2 EL Balsamico
- Salz und Pfeffer

Nährwertangaben pro Portion:

- Kalorien: 610 kcal
- Kohlenhydrate: 33 g
- Fett: 33,5 g
- Eiweiß: 29 g

Zubereitungszeit: 60 Minuten

Zubereitung:

1. Zunächst die Entenbrustfilets waschen und trocken tupfen. Mit Salz und Pfeffer würzen und in einen Gareinsatz ohne Löcher legen. Die Hautseite liegt dabei unten.
2. Bei 100°C für 20 Minuten in den Dampfgarer geben.
3. Anschließend die Hautseite der Filets mit Honig einpinseln und wieder in den Gareinsatz legen. Mit Rotwein und Balsamico auffüllen und alles bei 190°C für 20 Minuten nochmals in den Dampfgarer geben.
4. Die Entenbrustfilets zusammen mit der Sauce anrichten und genießen.

88. Kalbssteaks mit Mischgemüse

Zutaten für 2 Portionen:

- 200 g Kalbssteak
- 100 g Süßkartoffeln
- 100 g Möhren
- 100 g Knollensellerie
- 100 g Erbsen
- 125 ml Wasser
- 125 ml Weißwein
- 5 Wacholderbeeren
- 2 Lorbeerblätter
- Salz und Pfeffer

Nährwertangaben pro Portion:

- Kalorien: 257 kcal
- Kohlenhydrate: 19 g
- Fett: 3,3 g
- Eiweiß: 25 g

Zubereitungszeit: 25 Minuten

Zubereitung:

1. Zunächst die Kalbssteaks abwaschen und trocken tupfen. Mit Salz und Pfeffer würzen und in einen gelochten Gareinsatz legen.
2. Diesen in den Dampfgarer stellen und bei 100°C für 12 Minuten garen.
3. Währenddessen die Süßkartoffeln schälen und würfeln. Die Möhren schälen und in Scheiben schneiden. Den Sellerie schälen und ebenfalls würfeln.
4. Sellerie und Süßkartoffeln in einen ungelochten Gareinsatz geben und mit Wasser und Weißwein auffüllen. Lorbeerblätter und Wacholderbeeren hinzugeben. Alles für 20 Minuten bei 100°C in den Dampfgarer stellen.
5. 10 Minuten vor Garende Erbsen und Möhrchen ebenfalls in den Gareinsatz geben.
6. Die Wacholderbeeren und Lorbeerblätter entfernen, die Kalbsfilets zusammen mit dem Mischgemüse auf Tellern anrichten und genießen.

89. Frikadellen mit Rahm-Champignons

Zutaten für 2 Portionen:

- 200 g Hackfleisch, gemischt
- 400 g Champignons, weiß und braun
- 1 Zwiebel
- 1 Ei
- 200 ml Sahne
- 2 EL Balsamico
- 1 EL Sherry
- 1 TL Thymian
- Salz und Pfeffer

Nährwertangaben pro Portion:

- Kalorien: 334 kcal
- Kohlenhydrate: 8 g
- Fett: 19 g
- Eiweiß: 29 g

Zubereitungszeit: 40 Minuten

Zubereitung:

1. Hackfleisch, Ei, Sherry und Balsamico in eine Schüssel geben und gut verkneten.
2. Anschließend mit feuchten Händen Frikadellen aus der Hackmasse formen und in einen Gareinsatz mit Löchern geben.
3. Bei 100°C für 20 Minuten in den Dampfgarer geben.
4. Währenddessen die Champignons putzen und in Scheiben schneiden. Die Zwiebel schälen, halbieren und hacken.
5. Beides in einen Gareinsatz ohne Löcher geben und mit Sahne auffüllen. Mit Salz, Pfeffer und Thymian abschmecken und bei 100°C für 10 Minuten in den Dampfgarer geben.
6. Die Frikadellen mit den Rahm-Champignons auf Tellern anrichten und servieren.

90. Hähnchenbrust mit Dip

Zutaten für 2 Portionen:

- 2 Hähnchenbrustfilets
- 150 g Zuckerschoten
- ½ Zitrone
- Salz und Cayennepfeffer
- 20 g Toastbrot
- ½ TL Senf, mittelscharf
- ½ TL Zitronensaft
- ½ Knoblauchzehe
- 1 EL Dillspitzen
- 1 EL Petersilie, gehackt
- ½ Bund Rucola
- ½ EL Kapern

Nährwertangaben pro Portion:

- Kalorien: 200 kcal
- Kohlenhydrate: 1 g
- Fett: 4 g
- Eiweiß: 41 g

Zubereitungszeit: 25 Minuten

Zubereitung:

1. Die Zitrone in Scheiben schneiden und in einem ungelochten Gareinsatz auslegen.
2. Die Hähnchenbrustfilets waschen und mit einem Tuch trocken tupfen. Mit Salz und Cayennepfeffer einreiben und auf die Zitronenscheiben legen.
3. Bei 100°C für 10 Minuten in den Dampfgarer geben.
4. Währenddessen die Zuckerschoten putzen und in Rauten schneiden. Diese nach 5 Minuten Garzeit zusätzlich in den Gareinsatz legen und mit garen.
5. Anschließend den Rucola putzen, die Knoblauchzehe auspressen und das Toastbrot klein schneiden. Alles zusammen mit Senf, Zitronensaft, Dillspitzen, Petersilie und Kapern in den Mixer geben und pürieren.
6. Das Hähnchenbrustfilet mit den Zuckerschoten servieren und mit dem Dip verfeinern.

91. Steaks mit Beilagen

Zutaten für 2 Portionen:

- 2 Rindersteaks
- 200 g Süßkartoffeln
- 400 ml Wasser
- 2 EL Senf
- Salz und Pfeffer

Nährwertangaben pro Portion:

- Kalorien: 589 kcal
- Kohlenhydrate: 25,1 g
- Fett: 26 g
- Eiweiß: 55 g

Zubereitungszeit: 25 Minuten

Zubereitung:

1. Die Steaks abwaschen und mit einem Tuch trocken tupfen.
2. Mit Salz und Pfeffer einreiben und die Ober- und Unterseite mit Senf bestreichen.
3. In einen gelochten Garbehälter legen und bei 100°C für 12 Minuten in den Dampfgarer geben.
4. Währenddessen die Süßkartoffel schälen und in mundgerechte Stücke schneiden. In einen gelochten Gareinsatz legen und bei 100°C für 20 Minuten dampfgaren.
5. Die Steaks zusammen mit den Süßkartoffeln auf einem Teller anrichten und servieren.

92. Hähnchenkeulen auf Gemüsebett

Zutaten für 2 Portionen:

- 4 Hähnchenkeulen
- 1 Paprika, rot
- 1 Zucchini
- 1 Zwiebel
- 2 EL Olivenöl
- 2 EL Zitronensaft
- Thymian
- Chili
- Salz und Pfeffer

Nährwertangaben pro Portion:

- Kalorien: 805 kcal
- Kohlenhydrate: 10,2 g
- Fett: 56 g
- Eiweiß: 55 g

Zubereitungszeit: 45 Minuten

Zubereitung:

1. Die Hähnchenkeulen unter fließendem Wasser abwaschen und mit einem Tuch trocken tupfen.
2. Olivenöl, Zitronensaft, Thymian, Chili, Salz und Pfeffer zu einer Marinade verrühren und die Keulen damit bestreichen.
3. Die Hähnchenkeulen in einen Gareinsatz ohne Löcher geben und bei 100°C für 30 Minuten dampfgaren.
4. Währenddessen die Paprika waschen, entkernen und in Streifen schneiden. Die Zucchini waschen, die Enden entfernen und das Gemüse in Würfel schneiden. Die Zwiebel schälen, halbieren und hacken.
5. Das Gemüse nach 15 Minuten Garzeit zu den Hähnchenkeulen geben.
6. Zum Schluss das Gemüse auf einem Teller anrichten und die Hähnchenkeulen darauflegen.

93. Schinkennudeln

Zutaten für 2 Portionen:

- 200 g Kochschinken
- 200 g Nudeln
- 200 ml Sahne
- 150 ml Wasser
- 2 EL Kräuter, gehackt
- Salz und Pfeffer

Nährwertangaben pro Portion:

- Kalorien: 481 kcal
- Kohlenhydrate: 27 g
- Fett: 32 g
- Eiweiß: 16 g

Zubereitungszeit: 25 Minuten

Zubereitung:

1. Zuerst den Kochschinken in Würfel schneiden und in einen Gareinsatz ohne Löcher geben. Mit Sahne und Wasser auffüllen.
2. Die Nudeln hinzugeben und mit den Kräutern, Salz und Pfeffer abschmecken.
3. Für 20 Minuten bei 100°C dampfgaren.
4. Auf Tellern anrichten und gemeinsam genießen.

94. Hähnchenfilet mit mariniertem Gemüse

Zutaten für 2 Portionen:

- 2 Hähnchenbrustfilets
- 1 Bund Suppengrün
- 3 EL Olivenöl
- 1 EL Honig
- Saft einer Zitrone
- 1 Zweig Rosmarin
- Salz und Pfeffer

Nährwertangaben pro Portion:

- Kalorien: 214 kcal
- Kohlenhydrate: 0 g
- Fett: 3,4 g
- Eiweiß: 46 g

Zubereitungszeit: 20 Minuten

Zubereitung:

1. Zunächst die Hähnchenbrustfilets unter fließendem Wasser abwaschen und mit einem Tuch trocken tupfen. Mit Salz und Pfeffer würzen.
2. Die Nadeln des Rosmarins vom Zweig lösen und klein hacken.
3. Das Olivenöl zusammen mit der Hälfte des Zitronensaftes und dem Honig verrühren, den gehackten Rosmarin, Salz und Pfeffer hineingeben und nochmals vermengen.
4. Die Möhre schälen und in Stifte schneiden. Den Sellerie schälen und würfeln. Den Lauch putzen und in Ringe schneiden.
5. Das Gemüse zusammen mit der Marinade in einen Gareinsatz ohne Löcher geben und bei 100°C für 3 Minuten in den Dampfgarer geben.
6. Das Hähnchenbrustfilet zusammen mit dem restlichen Zitronensaft zum Gemüse geben und 10 Minuten dampfgaren.

95. Hähnchenbrust mit Möhrengemüse

Zutaten für 2 Portionen:

- 300 g Hähnchenbrustfilet
- 250 g Möhren
- 50 g Zwiebeln
- 5 g Ingwer
- 1 Orange
- 15 g Butter
- 2 EL Petersilie, gehackt
- Salz und Pfeffer

Nährwertangaben pro Portion:

- Kalorien: 270 kcal
- Kohlenhydrate: 5,6 g
- Fett: 10 g
- Eiweiß: 38,9 g

Zubereitungszeit: 30 Minuten

Zubereitung:

1. Zunächst die Möhren schälen und in Scheiben schneiden. Die Zwiebeln schälen, halbieren und fein würfeln. Den Ingwer schälen und fein reiben. Die Orange halbieren.
2. Das Hähnchenbrustfilet waschen, mit einem Tuch trocken tupfen und mit dem Saft der Orange einreiben. Mit Salz und Pfeffer würzen und dann für 15 Minuten ziehen lassen.
3. Die Butter in einen ungelochten Gareinsatz geben und im Dampfgarer bei 100°C schmelzen lassen. Sobald die Butter geschmolzen ist, die Möhren mit Salz und Pfeffer würzen und für 5 Minuten hinzugeben.
4. Anschließend das Hähnchenbrustfilet in einen gelochten Gareinsatz geben, Möhren, Zwiebeln und Ingwer hinzufügen und alles für 15 Minuten in den Dampfgarer stellen.
5. Alles auf Tellern anrichten, mit der Petersilie garnieren und servieren.

96. Saltimbocca vom Hähnchen

Zutaten für 2 Portionen:

- 400 g Hähnchenschnitzel
- 100 g Gorgonzola
- 150 g Zwiebeln
- 4 Scheiben Serranoschinken
- 20 g Cocktail-Tomaten
- 4 Salbeiblätter
- 2 Zweige Rosmarin
- Salz und Pfeffer

Nährwertangaben pro Portion:

- Kalorien: 603 kcal
- Kohlenhydrate: 4 g
- Fett: 31 g
- Eiweiß: 75 g

Zubereitungszeit: 25 Minuten

Zubereitung:

1. Zunächst die Hähnchenschnitzel waschen, trocken tupfen, mit Salz und Pfeffer würzen und einrollen. Mit dem Serranoschinken ummanteln.
2. Den Gorgonzola in Streifen schneiden und auf die Schnitzel legen.
3. Die Salbeiblätter kurz putzen und ebenfalls auf die Schnitzel geben.
4. Die Tomaten waschen und halbieren. Die Zwiebeln schälen, halbieren und in feine Würfel schneiden. Den Rosmarin putzen.
5. Die Röllchen anschließend in einen gelochten Gareinsatz legen und Tomaten, Zwiebeln und Rosmarin mit hineinlegen.
6. Bei 100°C für 15 Minuten dampfgaren.
7. Alles auf Tellern anrichten und servieren.

97. Lammkoteletts mit Topinamburpüree

Zutaten für 2 Portionen:

- 4 Lammkoteletts
- 250 g Topinambur
- 100 g Kartoffeln
- ½ Knoblauchzehe
- 1 EL Öl
- 2 Stiele Thymian
- ¼ TL Muskat
- Salz und Pfeffer

Nährwertangaben pro Portion:

- Kalorien: 342 kcal
- Kohlenhydrate: 11 g
- Fett: 22 g
- Eiweiß: 22 g

Zubereitungszeit: 70 Minuten

Zubereitung:

1. Zunächst die Topinambur schälen und klein schneiden. Mit den Kartoffeln genauso verfahren. Den Knoblauch schälen und fein hacken.
2. Kartoffeln und Topinambur in einen gelochten Gareinsatz legen und bei 100°C für 35 Minuten dampfgaren.
3. Währenddessen die Lammkoteletts waschen, trocken tupfen, mit dem Knoblauch einreiben und mit Salz und Pfeffer würzen.
4. Öl in einer Pfanne erhitzen und die Koteletts darin kurz scharf anbraten.
5. Kartoffeln und Topinambur aus dem Dampfgarer nehmen, in eine Schüssel geben und mit Salz, Pfeffer und Muskat würzen. Anschließend pürieren und so zur Seite stellen, dass das Püree warmgehalten wird.
6. Das Fleisch in den Dampfgarer geben und bei 60°C für 20 Minuten dampfgaren.
7. Die Lammkoteletts zusammen mit dem Topinamburpüree auf Tellern anrichten und servieren.

98. Rindergulasch

Zutaten für 2 Portionen:

- 750 g Rinderschulter
- 125 g Champignons
- 50 g Möhren
- 50 g Knollensellerie
- 50 g Zwiebeln
- 1 Knoblauchzehe
- 50 g Fenchel
- 50 g Speckwürfel
- 500 ml Rotwein
- 60 g Tomatenmark
- 1 ½ Lorbeerblätter
- 1 EL Öl
- Salz und Pfeffer

Nährwertangaben pro Portion:

- Kalorien: 877 kcal
- Kohlenhydrate: 12 g
- Fett: 35 g
- Eiweiß: 80 g

Zubereitungszeit: 4 ½ Stunden

Zubereitung:

1. Die Rinderschulter waschen, mit einem Tuch trocken tupfen und in Würfel schneiden. Mit Salz und Pfeffer würzen.
2. Öl in einer Pfanne erhitzen und das Fleisch darin scharf anbraten.
3. Die Champignons putzen und in Scheiben schneiden. Die Möhren schälen und ebenfalls in Scheiben schneiden. Den Sellerie schälen und würfeln. Die Zwiebeln schälen, halbieren und hacken. Den Knoblauch schälen und fein hacken. Den Fenchel waschen und klein schneiden.
4. Das Gemüse, außer Champignons und Zwiebeln, zusammen mit dem Fleisch in einen ungelochten Gareinsatz geben. Das Tomatenmark einrühren, mit dem Rotwein auffüllen, mit Salz und Pfeffer abschmecken, die Lorbeerblätter hinzugeben und in den Dampfgarer stellen.

5. Bei 150°C für 4 ½ Stunden dampfgaren.
6. 15 Minuten vor Ende die Zwiebeln und Champignons hinzufügen und mitgaren.
7. Das Gulasch auf Tellern anrichten und servieren.

99. Wirsingeintopf

Zutaten für 2 Portionen:

- 175 g Wirsing
- 130 g Kartoffeln
- 130 g Mettenden
- 130 g Kasseler
- 100 g Crème fraîche
- 50 ml Gemüsebrühe
- 1 TL frische Kräuter, gehackt
- Salz und Pfeffer

Nährwertangaben pro Portion:

- Kalorien: 530 kcal
- Kohlenhydrate: 15 g
- Fett: 37 g
- Eiweiß: 31 g

Zubereitungszeit: 40 Minuten

Zubereitung:

1. Zuerst die Kartoffeln schälen und in Würfel schneiden. Den Wirsing teilen, waschen und klein schneiden. Das Kasseler ebenfalls würfeln. Die Mettenden in Scheiben schneiden.
2. Alles zusammen in einen Gareinsatz ohne Löcher geben, mit Gemüsebrühe auffüllen und Crème fraîche einrühren. Die Kräuter hineingeben und alles mit Salz und Pfeffer abschmecken.
3. Bei 100°C für 30 Minuten dampfgaren.
4. Den Eintopf auf Tellern anrichten und servieren.

100. Wirsingroulade

Zutaten für 2 Portionen:

- 1 Wirsing
- 500 g Bratwurstbrät
- 500 g Kartoffeln
- 150 g Speck
- 100 ml Gemüsebrühe
- 2 Eier
- 1 Zwiebel
- 1 Brötchen
- ½ Bund Petersilie
- Salz und Pfeffer
- Zahnstocher

Nährwertangaben pro Portion:

- Kalorien: 1760 kcal
- Kohlenhydrate: 62 g
- Fett: 136 g
- Eiweiß: 63 g

Zubereitungszeit: 50 Minuten

Zubereitung:

1. Zuerst einige Blätter des Wirsings vom Kopf lösen und den Strunk entfernen. Dann unter fließendem Wasser säubern und beiseitelegen.
2. Die Zwiebel schälen, halbieren und fein hacken. Die Petersilie putzen und hacken. Das Brötchen in etwas Wasser einweichen und die Zwiebeln sowie die Petersilie untermengen.
3. Ei sowie Bratwurstbrät ebenfalls hinzugeben und alles gut verkneten. Mit Salz und Pfeffer würzen.
4. Die Mischung auf die Wirsingblätter geben, einrollen und mit den Zahnstochern fixieren. Mit den Speckstreifen ummanteln und in einen ungelochten Gareinsatz legen. Mit der Gemüsebrühe auffüllen.
5. Anschließend die Kartoffeln schälen und in Scheiben schneiden. In einen separaten, gelochten Gareinsatz geben.
6. Beides bei 130°C für 40 Minuten dampfgaren. Die Rouladen sind dabei unten.
7. Wirsingrouladen zusammen mit den Kartoffeln anrichten und servieren.

Beilagen

101. Zwiebelringe

Zutaten für 2 Portionen:

- 2 Zwiebeln
- 150 g Vollkornmehl
- 50 g Paniermehl
- 1 Ei
- ½ TL Backpulver
- ½ TL Meersalz
- Pfeffer
- Paprikapulver

Nährwertangaben pro Portion:

- Kalorien: 483 kcal
- Kohlenhydrate: 90 g
- Fett: 33,5 g
- Eiweiß: 16 g

Zubereitungszeit: 25 Minuten

Zubereitung:

1. Die Zwiebeln schälen, halbieren und in Ringe schneiden.
2. Das Mehl in eine Schüssel geben und Backpulver und Salz hinzugeben.
3. Das Ei in einen tiefen Teller schlagen und mit Pfeffer und Paprikapulver verquirlen.
4. Das Paniermehl in einen zweiten tiefen Teller geben.
5. Die Zwiebelringe nacheinander in der Mehl- und Eimischung und zum Schluss im Paniermehl wenden.
6. Die Zwiebelringe in den Dampfgarer legen und bei 100°C für 20 Minuten garen.

102. Rosmarin-Möhren

Zutaten für 2 Portionen:

- 4 Möhren
- etwas Rosmarin
- Salz
- 1 EL Olivenöl

Nährwertangaben pro Portion:

- Kalorien: 194 kcal
- Kohlenhydrate: 9 g
- Fett: 13 g
- Eiweiß: 7 g

Zubereitungszeit: 20 Minuten

Zubereitung:

1. Zunächst die Möhren schälen und der Länge nach in Streifen schneiden.
2. Das Olivenöl in den Dampfgarer geben und die Möhrenstreifen hineinlegen.
3. Bei 100°C für 20 Minuten garen. Dabei nach 15 Minuten den Rosmarin mit in den Dampfgarer geben.
4. Zum Schluss die Möhren mit Salz würzen.

103. Knoblauchbrot

Zutaten für 2 Portionen:

- 1 Baguette
- 2 Knoblauchzehen
- 2 EL Butter
- 3 EL Kräuter, gemischt
- Salz

Nährwertangaben pro Portion:

- Kalorien: 135 kcal
- Kohlenhydrate: 119 g
- Fett: 5 g
- Eiweiß: 4 g

Zubereitungszeit: 10 Minuten

Zubereitung:

1. Das Baguette in Scheiben schneiden.
2. Den Knoblauch schälen und in eine Schale pressen.
3. Butter, Kräuter und Salz in die Schale geben und alles gut verrühren.
4. Die Knoblauchbutter auf die Baguettescheiben streichen und in den Dampfgarer legen.
5. Bei 180°C für 5 Minuten backen.

104. Klöße

Zutaten für 2 Portionen:

- 300 g Kartoffeln
- 1 Ei
- 40 g Kartoffelstärke
- 1 EL Butter
- Muskat
- Salz und Pfeffer

Nährwertangaben pro Portion:

- Kalorien: 373 kcal
- Kohlenhydrate: 60,5 g
- Fett: 10,6 g
- Eiweiß: 6,3 g

Zubereitungszeit: 40 Minuten

Zubereitung:

1. Als Erstes die Kartoffeln schälen, in Würfel schneiden und in einen Gareinsatz mit Löchern legen.
2. Diesen für 20 Minuten bei 100°C in den Dampfgarer stellen.
3. Anschließend die Kartoffeln in eine Schüssel geben und mit einer Gabel zerquetschen.
4. Mit Ei, Butter, Kartoffelstärke, Muskat, Salz und Pfeffer vermengen und mit feuchten Händen 4 Klöße formen.
5. Die Klöße in einen gelochten Gareinsatz legen und bei 100°C für 15 Minuten garen.

105. Kartoffeln mit Kräuterbutter

Zutaten für 2 Portionen:

- 300 g Kartoffeln
- 2 EL Butter
- 1 EL Thymian, gehackt
- 1 EL Petersilie, gehackt
- Salz und Pfeffer

Nährwertangaben pro Portion:

- Kalorien: 194 kcal
- Kohlenhydrate: 17 g
- Fett: 8,2 g
- Eiweiß: 2,1 g

Zubereitungszeit: 35 Minuten

Zubereitung:

1. Zunächst die Kartoffeln schälen und halbieren.
2. Die Spalten zusammen mit jeweils der Hälfte der Kräuter in einen Gareinsatz mit Löchern legen und bei 100°C für 25 Minuten dampfgaren.
3. Währenddessen die Butter mit der zweiten Hälfte der Kräuter vermischen und mit Salz und Pfeffer abschmecken.
4. Die Kartoffeln zusammen mit der Kräuterbutter servieren.

106. Zuckerschoten

Zutaten für 2 Portionen:

- 200 g Zuckerschoten
- 100 ml Weißwein
- Salz

Nährwertangaben pro Portion:

- Kalorien: 164 kcal
- Kohlenhydrate: 12 g
- Fett: 1 g
- Eiweiß: 7 g

Zubereitungszeit: 15 Minuten

Zubereitung:

1. Zuerst die Zuckerschoten waschen und in einen Gareinsatz mit Löchern legen.
2. Den Weißwein in das Garwasser geben und die Zuckerschoten für 10 Minuten bei 100°C dampfgaren.

107. Knoblauchmais

Zutaten für 2 Portionen:

- 1 Dose Mais
- 1 Tomate
- 1 Frühlingszwiebel
- 1 Knoblauchzehe
- 1 EL Olivenöl
- Chili
- Salz

Nährwertangaben pro Portion:

- Kalorien: 488 kcal
- Kohlenhydrate: 17 g
- Fett: 16 g
- Eiweiß: 4 g

Zubereitungszeit: 25 Minuten

Zubereitung:

1. Zuerst den Knoblauch schälen und fein hacken.
2. Den gehackten Knoblauch in eine Schüssel geben und mit Olivenöl vermischen. Mit Chili und Salz abschmecken.
3. Die Tomaten waschen und würfeln. Die Frühlingszwiebeln putzen und in feine Ringe schneiden.
4. Beides in die Knoblauchpaste geben und den Mais hinzufügen. Gut vermengen.
5. Diese Mischung in einen Gareinsatz mit Löchern geben und für 15 Minuten bei 100°C dampfgaren.

108. Zitronen-Mangold

Zutaten für 2 Portionen:

- 200 g Mangold
- 1 Zwiebel
- 1 EL Zitronensaft
- Salz und Pfeffer

Nährwertangaben pro Portion:

- Kalorien: 110 kcal
- Kohlenhydrate: 8 g
- Fett: 1 g
- Eiweiß: 3,5 g

Zubereitungszeit: 20 Minuten

Zubereitung:

1. Zuerst den Mangold waschen und klein schneiden. Mit Salz und Pfeffer würzen.
2. Die Zwiebeln schälen, halbieren und hacken.
3. Beides zusammen in einen Gareinsatz ohne Löcher geben und für 15 Minuten bei 100°C dampfgaren.
4. Den Mangold auf Tellern anrichten und mit dem Zitronensaft verfeinern.

109. Würzige Zucchini

Zutaten für 2 Portionen:

- 1 Zucchini
- 1 Knoblauchzehe
- Paprikapulver
- Chilipulver
- Salz und Pfeffer

Nährwertangaben pro Portion:

- Kalorien: 367 kcal
- Kohlenhydrate: 13 g
- Fett: 21 g
- Eiweiß: 27,5 g

Zubereitungszeit: 25 Minuten

Zubereitung:

1. Zuerst die Zucchini waschen, die Enden entfernen und das Gemüse in Würfel schneiden.
2. Die Knoblauchzehe schälen und fein hacken.
3. Beides zusammen mit den Gewürzen in eine Schüssel geben und gut vermengen.
4. In einen Gareinsatz mit Löchern geben und bei 60°C für 20 Minuten garen.

110. Gegarte Möhren

Zutaten für 2 Portionen:

- 200 g Möhren
- 1 Zwiebel
- 1 EL Olivenöl
- Salz und Pfeffer

Nährwertangaben pro Portion:

- Kalorien: 96 kcal
- Kohlenhydrate: 17,9 g
- Fett: 1 g
- Eiweiß: 4,2 g

Zubereitungszeit: 20 Minuten

Zubereitung:

1. Die Möhren schälen und in Scheiben schneiden. Die Zwiebel schälen, halbieren und hacken.
2. Beides im Olivenöl wenden und in einen Gareinsatz mit Löchern legen.
3. Für 15 Minuten bei 100°C dampfgaren.

111. Würzspinat

Zutaten für 2 Portionen:

- 300 g Blattspinat
- 1 Knoblauchzehe
- ½ TL Kurkuma
- ½ TL Currypulver
- Salz und Pfeffer

Nährwertangaben pro Portion:

- Kalorien: 30 kcal
- Kohlenhydrate: 2 g
- Fett: 1 g
- Eiweiß: 1 g

Zubereitungszeit: 15 Minuten

Zubereitung:

1. Den Blattspinat gut putzen und klein schneiden. Den Knoblauch schälen und fein hacken.
2. Beides zusammen mit den Gewürzen in einen Gareinsatz mit Löchern geben und bei 100°C für 5 Minuten dampfgaren.

112. Knoblauch-Tomaten

Zutaten für 2 Portionen:

- 300 g Tomaten
- 1 Knoblauchzehe
- ½ TL Chilipulver
- Salz und Pfeffer

Nährwertangaben pro Portion:

- Kalorien: 61 kcal
- Kohlenhydrate: 5 g
- Fett: 1 g
- Eiweiß: 2 g

Zubereitungszeit: 15 Minuten

Zubereitung:

1. Die Tomaten waschen und in Würfel schneiden. Den Knoblauch schälen und fein hacken.
2. Den Knoblauch zusammen mit Chili, Salz und Pfeffer vermengen und mit den Tomaten verrühren.
3. Die Mischung in einen Gareinsatz mit Löchern legen und für 10 Minuten bei 100°C dampfgaren.

113. Gegarter Wirsing

Zutaten für 2 Portionen:

- 1 Wirsing
- 1 Zwiebel
- 2 TL Senf
- Salz und Pfeffer

Nährwertangaben pro Portion:

- Kalorien: 172 kcal
- Kohlenhydrate: 15 g
- Fett: 1 g
- Eiweiß: 4,5 g

Zubereitungszeit: 35 Minuten

Zubereitung:

1. Zuerst den Wirsing klein schneiden und gut abwaschen. Mit Salz und Pfeffer würzen.
2. In einen Gareinsatz ohne Löcher geben und bei 100°C für 30 Minuten garen.
3. Währenddessen die Zwiebel schälen, halbieren und hacken.
4. Die Zwiebel nach 15 Minuten zum Wirsing geben und mit garen.
5. Den Wirsing auf Tellern anrichten und mit Senf verfeinern.

114. Gegarter Rotkohl

Zutaten für 2 Portionen:

- ½ Rotkohl
- 1 Apfel
- 1 Zwiebel
- 1 Lorbeerblatt
- 1 EL Essig
- 1 EL Honig
- ½ TL Nelken
- Salz

Nährwertangaben pro Portion:

- Kalorien: 268 kcal
- Kohlenhydrate: 25 g
- Fett: 1 g
- Eiweiß: 4 g

Zubereitungszeit: 50 Minuten

Zubereitung:

1. Zuerst den Rotkohl in Streifen schneiden und gut waschen. Die Zwiebel schälen, halbieren und hacken. Den Apfel schälen, entkernen und würfeln.
2. Alles zusammen mit dem Lorbeerblatt, den Nelken und dem Honig in eine Schüssel geben und vermengen.
3. In einen Gareinsatz ohne Löcher geben und für 45 Minuten bei 100°C garen.
4. Zum Schluss mit Salz und Essig abschmecken und servieren.

115. Pak-Choi-Gemüse

Zutaten für 2 Portionen:

- 1 Pak Choi
- 50 g Zuckerschoten
- 2 Möhren
- 25 g Sojasprossen
- 1 EL Sojasauce
- 1 TL Koriander, gehackt
- 1 EL Sesamöl
- Chilipulver
- Pfeffer

Nährwertangaben pro Portion:

- Kalorien: 142 kcal
- Kohlenhydrate: 5 g
- Fett: 3 g
- Eiweiß: 4,5 g

Zubereitungszeit: 20 Minuten

Zubereitung:

1. Zuerst den Pak Choi waschen und klein schneiden. Die Zuckerschoten in Rauten schneiden. Die Möhren schälen und in Scheiben schneiden.
2. Aus Sojasauce, Sesamöl, den Gewürzen und Kräutern eine Marinade herstellen und das Gemüse darin einlegen.
3. Alles in einen Gareinsatz mit Löchern geben und für 15 Minuten bei 100°C garen.

116. Würziger Spargel

Zutaten für 2 Portionen:

- 300 g Spargel, grün
- 50 g Bärlauch
- 25 g Pinienkerne
- 2 EL Pesto
- 1 EL Olivenöl
- Salz und Pfeffer

Nährwertangaben pro Portion:

- Kalorien: 168 kcal
- Kohlenhydrate: 7 g
- Fett: 3 g
- Eiweiß: 6 g

Zubereitungszeit: 20 Minuten

Zubereitung:

1. Zuerst den Spargel waschen und die holzigen Enden entfernen.
2. Den Bärlauch putzen und hacken. Diesen zusammen mit dem Pesto, dem Olivenöl und den Gewürzen vermengen.
3. Den Spargel in die Gewürzmischung legen und einziehen lassen.
4. Anschließend in einen Gareinsatz mit Löchern legen und für 12 Minuten bei 100°C dampfgaren.
5. Währenddessen die Pinienkerne in einer Pfanne anrösten und den Spargel damit bestreuen.

117. Marinierte Kartoffelschiffchen

Zutaten für 2 Portionen:

- 200 g Kartoffeln
- 1 EL Tomatenmark
- 1 EL Olivenöl
- ½ TL Chilipulver
- ½ TL Curry
- Salz und Pfeffer

Nährwertangaben pro Portion:

- Kalorien: 250 kcal
- Kohlenhydrate: 17 g
- Fett: 5 g
- Eiweiß: 2 g

Zubereitungszeit: 30 Minuten

Zubereitung:

1. Zuerst die Kartoffeln schälen und in Spalten schneiden.
2. Das Olivenöl zusammen mit dem Tomatenmark und den Gewürzen in eine Schüssel geben und verrühren.
3. Die Kartoffeln in die Marinade legen und anschließend in einem gelochten Gareinsatz bei 100°C dampfgaren.

118. Würzige Maiskolben

Zutaten für 2 Portionen:

- 2 Maiskolben
- 1 EL Olivenöl
- 1 Prise Currypulver
- Salz und Pfeffer

Nährwertangaben pro Portion:

- Kalorien: 178 kcal
- Kohlenhydrate: 32 g
- Fett: 2 g
- Eiweiß: 6 g

Zubereitungszeit: 20 Minuten

Zubereitung:

1. Zuerst das Olivenöl in eine Schüssel geben und mit den Gewürzen verrühren.
2. Die Maiskolben mit der Gewürzmischung einreiben und in einen Gareinsatz mit Löchern legen.
3. Für 15 Minuten bei 100°C dampfgaren.

119. Würzige Artischocken

Zutaten für 2 Portionen:

- 2 Artischocken
- 1 Knoblauchzehe
- 2 EL Olivenöl
- Paprikapulver
- Salz und Pfeffer

Nährwertangaben pro Portion:

- Kalorien: 363 kcal
- Kohlenhydrate: 8 g
- Fett: 15 g
- Eiweiß: 2,5 g

Zubereitungszeit: 45 Minuten

Zubereitung:

1. Zuerst die unteren Enden der Artischocken und die Blätter etwa ein Drittel abschneiden.
2. Den Knoblauch schälen und fein hacken.
3. Das Öl in eine Schüssel geben und mit dem Knoblauch und den Gewürzen mischen.
4. Die Artischocken mit der Gewürzmischung einreiben und in einen Gareinsatz mit Löchern legen.
5. Für 40 Minuten bei 100°C dampfgaren.

120. Brokkoli mit Cashewkernen

Zutaten für 2 Portionen:

- 600 g Brokkoli
- 30 g Cranberries
- 25 g Koriander
- 1 Zwiebel
- 2 EL Sonnenblumenkerne
- 150 g Cashewkerne
- 4 TL Currypulver
- 6 EL Wasser
- 1 EL Apfelessig
- 2 TL Agavendicksaft
- Salz und Pfeffer

Nährwertangaben pro Portion:

- Kalorien: 475 kcal
- Kohlenhydrate: 39 g
- Fett: 24 g
- Eiweiß: 6 g

Zubereitungszeit: 25 Minuten, Ruhezeit: 13 Stunden

Zubereitung:

1. Zuerst das Wasser in eine Schüssel geben und 110 g der Cashewkerne darin über Nacht einlegen.
2. Am nächsten Tag den Brokkoli waschen und in Röschen teilen.
3. Den Brokkoli In einen gelochten Gareinsatz legen und für 15 Minuten bei 100°C in den Dampfgarer stellen.
4. Währenddessen die Zwiebel schälen, halbieren und würfeln. Den Koriander putzen und hacken.
5. Die Cashewkerne abgießen und mit Apfelessig, Agavendicksaft, Currypulver, Salz und Pfeffer pürieren.
6. Zwiebeln, Koriander, Brokkoli, Cranberries und das Cashewmus vermengen und 60 Minuten stehen lassen.
7. Den Brokkoli auf Tellern anrichten und mit den restlichen Cashews und Sonnenblumenkernen garnieren.

121. Brokkoli in Sojasauce mariniert

Zutaten für 2 Portionen:

- 1 Brokkoli
- 1 Zitrone
- 1 EL Sojasauce
- Pfeffer

Nährwertangaben pro Portion:

- Kalorien: 30 kcal
- Kohlenhydrate: 3 g
- Fett: 1 g
- Eiweiß: 4 g

Zubereitungszeit: 25 Minuten

Zubereitung:

1. Zuerst den Brokkoli waschen und in Röschen teilen.
2. Die Röschen mit der Sojasauce vermischen und mit Pfeffer würzen.
3. Von der Zitrone die Schale dünn abschälen und in das Wasser des Dampfgarers geben.
4. Den Brokkoli in einen Gareinsatz mit Löchern geben und für 20 Minuten bei 100°C dampfgaren.

122. Bohnen-Tomaten-Gemüse

Zutaten für 2 Portionen:

- 200 g grüne Bohnen
- 1 Tomate
- 1 Zwiebel
- 50 ml Sahne
- 100 ml Gemüsebrühe
- 1 EL Olivenöl
- 1 EL Petersilie, gehackt
- Pfeffer

Nährwertangaben pro Portion:

- Kalorien: 259 kcal
- Kohlenhydrate: 7 g
- Fett: 24 g
- Eiweiß: 4 g

Zubereitungszeit: 25 Minuten

Zubereitung:

1. Zunächst die Bohnen unter fließendem Wasser waschen und die Enden abschneiden. Die Tomaten waschen und in Scheiben schneiden. Die Zwiebel schälen, halbieren und fein hacken.
2. Das Gemüse zusammen mit der Sahne und der Gemüsebrühe in einen Gareinsatz ohne Löcher geben und mit Petersilie und Pfeffer würzen.
3. Für 20 Minuten bei 100°C garen.

123. Kartoffelsoufflé

Zutaten für 2 Portionen:

- 200 g Kartoffeln
- 50 g Rucola
- ½ Zwiebel
- 80 g Quark
- 10 g Kräuterbutter
- 10 g Parmesan, gerieben
- 1 Ei
- etwas Butter
- Muskat
- Salz und Pfeffer
- Soufflléförmchen

Nährwertangaben pro Portion:

- Kalorien: 405 kcal
- Kohlenhydrate: 73 g
- Fett: 6 g
- Eiweiß: 12 g

Zubereitungszeit: 65 Minuten

Zubereitung:

1. Zunächst die Kartoffeln schälen und in Würfel schneiden. In einen Gareinsatz mit Löchern geben und für 30 Minuten bei 100°C dampfgaren.
2. Währenddessen die Zwiebel schälen und fein hacken. Kräuterbutter in einer Pfanne erhitzen und die Zwiebel darin andünsten.
3. Anschließend die Kartoffeln aus dem Dampfgarer nehmen und stampfen. Mit Quark, Parmesan, dem Ei und den Gewürzen verrühren.
4. Den Rucola waschen und klein schneiden.
5. Die Soufflléförmchen mit der Butter einfetten und die Kartoffelmasse zusammen mit dem Rucola hineingeben.
6. Bei 100°C für 25 Minuten garen.

124. Semmelknödel

Zutaten für 2 Portionen:

- 300 ml Milch
- 250 g altbackene Brötchen
- 1 Zwiebel
- 2 Eier
- 70 g Butter
- 1 EL Butterschmalz
- ½ Bund Petersilie
- kochendes Wasser
- Salz

Nährwertangaben pro Portion:

- Kalorien: 715 kcal
- Kohlenhydrate: 79 g
- Fett: 36 g
- Eiweiß: 16 g

Zubereitungszeit: 25 Minuten, Ruhezeit: 60 Minuten

Zubereitung:

1. Zunächst die Zwiebel schälen, halbieren und fein hacken.
2. Butterschmalz in einer Pfanne erhitzen und die Zwiebel darin andünsten. Anschließend abkühlen lassen.
3. Aus Milch, Eiern, Salz und den klein geschnittenen Brötchen einen Teig herstellen. Die Zwiebeln hinzufügen und verrühren.
4. Die Petersilie hacken und ebenfalls untermischen. Den Teig für eine Stunde ruhen lassen.
5. Den Teig nach der Ruhezeit in Klarsichtfolie einwickeln und zusammen mit dem kochenden Wasser in einen ungelochten Gareinsatz legen.
6. Für 10 Minuten bei 100°C dampfgaren.

125. Spinatknödel

Zutaten für 2 Portionen:

- 300 g Roggenbrötchen
- 700 g Rahmspinat
- 250 ml lauwarme Milch
- 1 Ei
- 3 EL Mehl
- 2 EL Semmelbrösel
- Salz und Pfeffer

Nährwertangaben pro Portion:

- Kalorien: 875 kcal
- Kohlenhydrate: 40 g
- Fett: 1,7 g
- Eiweiß: 7,6 g

Zubereitungszeit: 35 Minuten

Zubereitung:

1. Zunächst die Roggenbrötchen klein schneiden und in der Milch einweichen lassen.
2. Den Spinat in einen Topf geben und kurz kochen.
3. Den Spinat zu den Brötchen geben und kneten.
4. Ei, Mehl und Semmelbrösel hinzugeben und alles gut verkneten.
5. Mit feuchten Händen zu Knödeln formen und in einen gelochten Gareinsatz für 25 Minuten bei 100°C dampfgaren.

126. Kartoffel-Ingwer-Stampf

Zutaten für 2 Portionen:

- 400 g Kartoffeln
- 5 g Ingwer
- 25 ml Kokosmilch
- Muskat
- Salz und Pfeffer

Nährwertangaben pro Portion:

- Kalorien: 140 kcal
- Kohlenhydrate: 25 g
- Fett: 3 g
- Eiweiß: 2 g

Zubereitungszeit: 20 Minuten

Zubereitung:

1. Als Erstes die Kartoffeln schälen und klein schneiden. Den Ingwer ebenfalls schälen und in Stücke schneiden.
2. Beides zusammen in einen gelochten Gareinsatz geben und bei 100°C für 10 Minuten garen.
3. Anschließend zusammen mit der Kokosmilch stampfen und mit Muskat, Salz und Pfeffer abschmecken.

127. Spiralkartoffeln

Zutaten für 2 Portionen:

- 1 Süßkartoffel
- 2 Zweige Thymian
- etwas Olivenöl
- Salz und Pfeffer
- Gefrierbeutel

Nährwertangaben pro Portion:

- Kalorien: 235 kcal
- Kohlenhydrate: 39 g
- Fett: 7 g
- Eiweiß: 2 g

Zubereitungszeit: 15 Minuten

Zubereitung:

1. Als Erstes die Süßkartoffeln schälen und mit einem Spiralschneider zu Spiralen schneiden.
2. Das Öl mit Salz und Pfeffer mischen und die Spiralen darin einlegen.
3. Die Spiralen mit der Marinade in den Gefrierbeutel füllen und den Thymian hinzugeben. Den Beutel verschließen und dabei ein Vakuum erzeugen.
4. In einen gelochten Gareinsatz legen und bei 90°C für 7 Minuten dampfgaren.

128. Sellerie-Birnen-Püree

Zutaten für 2 Portionen:

- 200 g Sellerie
- 1 Birne
- 50 ml Sahne
- Chili
- Salz und Pfeffer

Nährwertangaben pro Portion:

- Kalorien: 153 kcal
- Kohlenhydrate: 14 g
- Fett: 8 g
- Eiweiß: 4 g

Zubereitungszeit: 20 Minuten

Zubereitung:

1. Als Erstes den Sellerie schälen und in Würfel schneiden. Die Birne schälen, entkernen und ebenfalls würfeln.
2. Den Sellerie in einen gelochten Gareinsatz legen und bei 100°C für 12 Minuten dampfgaren. Die Birnen nach 8 Minuten hinzugeben und mitgaren.
3. Zum Schluss den Sellerie mit der Birne in einen Mixer geben und pürieren. Mit Chili, Salz und Pfeffer abschmecken und genießen.

129. Kartoffelsalat

Zutaten für 2 Portionen:

- 500 g Kartoffeln, festkochend
- 50 g Zwiebeln
- 50 ml Fleischbrühe
- 1 EL Öl
- 2 EL Weißweinessig
- 1 TL Senf
- 80 g Petersilie, gehackt
- Muskat
- Salz und Pfeffer

Nährwertangaben pro Portion:

- Kalorien: 170 kcal
- Kohlenhydrate: 2,5 g
- Fett: 17,9 g
- Eiweiß: 1 g

Zubereitungszeit: 100 Minuten

Zubereitung:

1. Zunächst die Kartoffeln schälen und in Scheiben schneiden. Die Zwiebeln schälen, halbieren und fein würfeln.
2. Alles zusammen in einen Gareinsatz mit Löchern geben und bei 95°C für 30 Minuten dampfgaren.
3. Währenddessen die Fleischbrühe zusammen mit dem Weißwein, dem Senf und den Gewürzen in einen Topf geben und kochen lassen. Das Öl hinzugeben und verrühren.
4. Die Kartoffelscheiben abkühlen lassen und mit dem Dressing übergießen. Eine Stunde ziehen lassen, mit Petersilie bestreuen und dann servieren.

Süßspeisen und Gebäck

130. Bananenbrot

Zutaten für 2 Portionen:

- 1 Banane
- 50 ml Milch
- 100 g Vollkornmehl
- 50 g Rohrzucker
- 25 g Cashewkerne, gehackt
- 1 Ei
- 2 EL Kokosöl
- ½ TL Apfelessig
- ¼ TL Backpulver
- ¼ TL Muskat
- kleine Backform

Nährwertangaben pro Portion:

- Kalorien: 535 kcal
- Kohlenhydrate: 60 g
- Fett: 25,1 g
- Eiweiß: 4,6 g

Zubereitungszeit: 60 Minuten

Zubereitung:

1. Die Banane schälen und grob klein schneiden.
2. In eine Schüssel geben und mit Kokosöl und Zucker vermischen.
3. Das Mehl zusammen mit dem Backpulver, dem Muskat, dem Salz, 25 g Mehl und der Milch unter die Bananenmischung rühren.
4. Das Ei in eine zweite Schüssel schlagen und das übrige Mehl damit verrühren.
5. Die Eimischung zur Bananenmischung geben und zu einem homogenen Teig verkneten.
6. Die Backform einfetten und den Teig hineingeben.
7. Die Backform in den Dampfgarer stellen und bei 100°C für 45 Minuten backen.
8. Nach dem Backen das Brot in der Form abkühlen lassen.

131. Frühstücks-Kugeln

Zutaten für 2 Portionen:

- 1 Ei
- 300 g Spinat
- 1 Zwiebel
- 1 Möhre
- 3 EL Paniermehl
- 2 TL Vollkornmehl
- ½ TL Knoblauchpulver
- Salz und Pfeffer

Nährwertangaben pro Portion:

- Kalorien: 146,5 kcal
- Kohlenhydrate: 23,9 g
- Fett: 1,8 g
- Eiweiß: 8,5 g

Zubereitungszeit: 30 Minuten

Zubereitung:

1. Den Spinat gut waschen und klein schneiden. Die Zwiebel schälen, halbieren und hacken. Die Möhre schälen und klein schneiden.
2. Das Ei zusammen mit dem Paniermehl, dem Vollkornmehl und den Gewürzen in eine Schüssel geben und verquirlen.
3. Das Gemüse in die Ei-Mischung geben und aus dem Teig kleine Kugeln formen.
4. Die Kugeln in den Dampfgarer legen und bei 100°C für 20 Minuten garen.

132. Gewürznüsse

Zutaten für 2 Portionen:

- 250 g Cashewkerne
- 2 EL Olivenöl
- ½ TL Paprikapulver
- ½ TL Currypulver
- ½ TL Salz
- 1 Prise Cayennepfeffer

Nährwertangaben pro Portion:

- Kalorien: 410 kcal
- Kohlenhydrate: 31 g
- Fett: 75 g
- Eiweiß: 20,3 g

Zubereitungszeit: 15 Minuten

Zubereitung:

1. Das Öl in eine Schüssel geben und mit den Gewürzen vermengen.
2. Die Cashewkerne in die Schüssel geben und mit der Gewürzmischung gut verrühren.
3. Anschließend die Gewürznüsse bei 100°C für 10 Minuten garen.

133. Panierte Banane

Zutaten für 2 Portionen:

- 4 Bananen
- 50 g Paniermehl
- 2 Eier
- 2 EL Butter
- 2 EL Rohrzucker
- 5 g Speisestärke
- 1 TL Zimt

Nährwertangaben pro Portion:

- Kalorien: 444 kcal
- Kohlenhydrate: 87 g
- Fett: 5 g
- Eiweiß: 8,5 g

Zubereitungszeit: 20 Minuten

Zubereitung:

1. Zunächst die Butter in einer Pfanne erhitzen.
2. Paniermehl, Speisestärke und Eier in eine Schüssel geben und die Butter hinzufügen. Alles vermengen.
3. Die Bananen schälen und halbieren.
4. In der Paniermehlmischung wälzen und mit Rohrzucker und Zimt bestreuen.
5. In einen Gareinsatz mit Löchern legen und bei 100°C für 15 Minuten garen.

134. Gedämpfte Donuts

Zutaten für 4 Portionen:

- 200 g Dinkelvollkornmehl
- 100 g Milch
- 1 EL Schlagsahne
- 1 Ei
- 100 g Puderzucker
- 20 g Rohrzucker
- 5 EL Butter
- 1 TL Backpulver
- Lebensmittelfarbe nach Wahl

Nährwertangaben pro Portion:

- Kalorien: 481 kcal
- Kohlenhydrate: 65 g
- Fett: 11,5 g
- Eiweiß: 3,5 g

Zubereitungszeit: 60 Minuten, Ruhezeit: 30 Minuten

Zubereitung:

1. Als Erstes das Ei in eine Rührschüssel schlagen und Milch und 2 EL Butter hinzugeben. Alles gut verquirlen.
2. Weitere 2 EL Butter, den Zucker und das Vollkornmehl hinzugeben und verkneten.
3. Ein Backblech mit etwas Butter einfetten und aus dem Teig Donuts formen, die dann auf das Backblech gelegt werden.
4. Mit einem Tuch abdecken und für 30 Minuten gehen lassen.
5. In einen gelochten Gareinsatz legen und bei 100°C für 25 Minuten dämpfen.
6. Die restliche Butter mit dem Puderzucker verrühren, die Schlagsahne und die Lebensmittelfarbe hinzugeben und vermengen.
7. Die fertigen, abgekühlten Donuts mit der Glasur einstreichen und trocknen lassen, bevor sie serviert werden.

135. Vollkorn-Kaiserschmarrn

Zutaten für 2 Portionen:

- 20 g Dinkelvollkornmehl
- 2 Eier
- 15 EL Naturjoghurt
- 2 EL brauner Zucker
- 2 TL Backpulver
- Meersalz
- Puderzucker
- Apfelmus

Nährwertangaben pro Portion:

- Kalorien: 245 kcal
- Kohlenhydrate: 21 g
- Fett: 11,3 g
- Eiweiß: 13,2 g

Zubereitungszeit: 25 Minuten

Zubereitung:

1. Das Mehl zusammen mit den Eiern, dem Joghurt, dem Zucker, dem Backpulver und einer Prise Meersalz in eine Schüssel geben und zu einem homogenen Teig verrühren.
2. Den Teig in einen ungelochten Gareinsatz geben und für 20 Minuten bei 100°C dämpfen.
3. Den Kaiserschmarrn mit einer Gabel zerteilen, auf Tellern anrichten und mit Puderzucker und Apfelmus garnieren.

136. Schokoladiges Soufflé

Zutaten für 4 Portionen:

- 100 g Zartbitterkuvertüre
- 100 g Zartbitterschokolade
- 100 g Rohrzucker
- 30 g Butter
- 3 Eier
- 1 EL Milch
- 1 EL Rapsöl
- 4 Souffléförmchen

Nährwertangaben pro Portion:

- Kalorien: 482 kcal
- Kohlenhydrate: 32,5 g
- Fett: 24,5 g
- Eiweiß: 6,8 g

Zubereitungszeit: 60 Minuten

Zubereitung:

1. Zunächst die Kuvertüre hacken und in eine Schüssel geben. Mit Alufolie abdecken und im Dampfgarer bei 100°C schmelzen lassen.
2. Währenddessen die Butter schmelzen lassen und zur geschmolzenen Schokolade geben.
3. Die Eier trennen und das Eigelb mit dem Zucker schaumig schlagen. Das Eiweiß zu Schnee verarbeiten.
4. Die Milch zusammen mit dem Eigelb zur Schokolade geben, verrühren und den Eischnee unterheben.
5. Die Förmchen buttern und mit Zucker bestreuen. Den Teig hineingeben und bei 100°C für 30 Minuten garen lassen. Das Volumen sollte sich verdoppelt haben.
6. Währenddessen die Zartbitterschokolade mit dem Rapsöl in eine Schüssel geben, mit Alufolie abdecken und wie die Kuvertüre im Dampfgarer schmelzen lassen.
7. Das Soufflé auf Teller stürzen und mit der Schokoladensauce verfeinern.

137. Milchreis

Zutaten für 2 Portionen:

- 150 g Milchreis
- 400 ml Milch
- ½ TL Zitronenzesten
- ½ TL Zimt
- 3 EL Rohrzucker
- Mark einer Vanilleschote

Nährwertangaben pro Portion:

- Kalorien: 421,5 kcal
- Kohlenhydrate: 72,5 g
- Fett: 7,7 g
- Eiweiß: 12,5 g

Zubereitungszeit: 30 Minuten

Zubereitung:

1. Einfach alle Zutaten in eine Schüssel geben, vermischen und in einen ungelochten Gareinsatz füllen.
2. Bei 100°C für 30 Minuten garen. Dabei gelegentlich umrühren.
3. Auf Tellern anrichten, nach Geschmack verfeinern und genießen.

138. Gedämpfte Zwetschgenklöße

Zutaten für 2 Portionen:

- 500 g Kartoffeln
- 100 g Zwetschgen
- 100 g Dinkelvollkornmehl
- 100 g Paniermehl
- 65 g Butter
- 25 g Hartweizengrieß
- 1 Ei
- 1 Prise Zucker
- 1 Prise Meersalz

Nährwertangaben pro Portion:

- Kalorien: 906 kcal
- Kohlenhydrate: 121 g
- Fett: 31,2 g
- Eiweiß: 16,5 g

Zubereitungszeit: 35 Minuten

Zubereitung:

1. Die Kartoffeln schälen, vierteln und in einem Topf mit Wasser geben. Zum Kochen bringen und kochen lassen.
2. Währenddessen die Zwetschgen waschen, halbieren, den Stein entfernen.
3. Sobald die Kartoffeln weichgekocht sind, diesen in eine Schüssel geben und mit Ei, Butter, Salz, Mehl und Grieß zu einem homogenen Teig pürieren.
4. Mit feuchten Händen etwas Teig erst zu einem Fladen formen, eine halbe Zwetschge hineinlegen und dann den Teig zu einer Kugel formen, sodass die Pflaume von dem Teig ummantelt ist.
5. Ein Dampfgarblech mit Löchern mit etwas Butter einfetten und die Klöße auflegen.
6. Für 20 Minuten bei 100°C im Dampfgarer dämpfen.
7. Währenddessen Butter in einer Pfanne erhitzen und das Paniermehl darin anrösten.
8. Die fertigen Klöße in dem Paniermehl wenden und mit Zucker verfeinern.

139. Dampfnudeln

Zutaten für 2 Portionen:

- 330 g Mehl
- 170 ml Milch
- 20 g Hefe
- 1 Ei
- 27 g Butter
- 1 EL Zucker
- 1 TL Salz

Nährwertangaben pro Portion:

- Kalorien: 408 kcal
- Kohlenhydrate: 66 g
- Fett: 9 g
- Eiweiß: 7 g

Zubereitungszeit: 70 Minuten

Zubereitung:

1. Alle Zutaten in eine Schüssel geben und zu einem homogenen Teig verarbeiten.
2. Den Teig zu einem Kloß formen und diesen in ein Tuch einwickeln.
3. Die Dampfnudel auf einen gelochten Gareinsatz legen und bei 100°C für 60 Minuten dampfgaren.

140. Schoko-Vanille-Muffins

Zutaten für 10 Portionen:

- 200 g Dinkelvollkornmehl
- 200 g Rohrzucker
- 2 Eier
- 100 g Butter
- 30 g Vollmilch-Kuvertüre
- 20 ml Milch
- 10 g Kakaopulver
- Mark einer Vanilleschote
- Salz
- Muffinförmchen

Nährwertangaben pro Portion:

- Kalorien: 269 kcal
- Kohlenhydrate: 34,4 g
- Fett: 12,7 g
- Eiweiß: 2,5 g

Zubereitungszeit: 35 Minuten

Zubereitung:

1. Alle Zutaten in eine Schüssel geben und zu einem homogenen Teig verkneten.
2. Den Teig in die Muffinförmchen füllen und auf einen gelochten Gareinsatz stellen.
3. Für 20 Minuten bei 100°C dampfgaren.

141. Kartoffelnudeln mit Nussmantel

Zutaten für 2 Portionen:

- 380 g Kartoffeln
- 90 g Walnüsse
- 2 Eier
- 4 EL Vollkornmehl
- 2 EL Puderzucker
- 1 Prise Salz

Nährwertangaben pro Portion:

- Kalorien: 587 kcal
- Kohlenhydrate: 61 g
- Fett: 34 g
- Eiweiß: 16,5 g

Zubereitungszeit: 60 Minuten

Zubereitung:

1. Zunächst die Kartoffeln auf einen gelochten Gareinsatz legen und bei 100°C für 25 Minuten dampfgaren.
2. Anschließend die Kartoffeln pellen und pressen.
3. Mehl, Eier und etwas Salz zu den Kartoffeln geben und vermengen.
4. Den homogenen Teig zu einer Wurst formen und dünne Scheiben abschneiden. Diese Scheiben zu Nudeln rollen und in einen gelochten Gareinsatz geben.
5. Bei 100°C für 20 Minuten dampfgaren.
6. Die Walnüsse hacken und mit dem Zucker verrühren. Die fertigen Nudeln darin wenden und warm genießen.

142. Apfelmus mit Kiwi

Zutaten für 2 Portionen:

- 2 Äpfel
- 4 Kiwi
- 1 EL brauner Zucker

Nährwertangaben pro Portion:

- Kalorien: 217 kcal
- Kohlenhydrate: 44 g
- Fett: 2 g
- Eiweiß: 4 g

Zubereitungszeit: 25 Minuten

Zubereitung:

1. Zunächst die Äpfel schälen, entkernen und in Stücke schneiden.
2. Die Kiwis schälen und ebenfalls stückeln.
3. Beides auf einen gelochten Gareinsatz legen und bei 100°C für 7 Minuten dampfgaren.
4. Zum Schluss Äpfel und Kiwis in eine Schüssel geben, den Zucker hinzufügen und pürieren.

143. Dampfgegartes Brot

Zutaten für 1 Brot:

- 1 kg Mehl
- 550 ml Wasser
- 1 Päckchen Trockenhefe
- 3 EL Öl
- 2 EL getrocknete Tomaten, gehackt
- Zucker
- Salz

Nährwertangaben pro Brot

- Kalorien: 405 kcal
- Kohlenhydrate: 73 g
- Fett: 6 g
- Eiweiß: 12 g

Zubereitungszeit: 130 Minuten

Zubereitung:

1. Zunächst etwas lauwarmes Wasser in eine Schüssel geben und die Hefe und Zucker hineingeben. Anschließend etwas quellen lassen.
2. In einer zweiten Schüssel Mehl, Öl, Tomaten, Salz und Wasser vermengen und zum Schluss das Hefegemisch hinzugeben. So lange kneten, bis ein homogener Teig entsteht. Diesen mit einem feuchten Geschirrtuch abdecken und 30 Minuten gehen lassen.
3. In eine Backform geben und zuerst für 20 Minuten bei 30°C garen. Anschließend die Temperatur auf 200°C erhöhen und für weitere 60 Minuten fertig garen.

144. Zitronensoufflé

Zutaten für 2 Portionen:

- 80 g Magerquark
- ¼ Zitrone
- Zesten einer viertel Zitrone
- 25 g Zucker
- 1 Ei
- Souffléförmchen
- etwas Butter

Nährwertangaben pro Portion:

- Kalorien: 100 kcal
- Kohlenhydrate: 17 g
- Fett: 1 g
- Eiweiß: 7 g

Zubereitungszeit: 10 Minuten

Zubereitung:

1. Als Erstes die Souffléförmchen mit Butter einfetten und anschließend mit etwas Zucker bestreuen
2. Das Ei trennen.
3. Den Quark zusammen mit den Zesten, dem Zucker und dem Eigelb verrühren.
4. Das Eiweiß zu Schnee schlagen und unter die Quarkmasse heben.
5. Die Masse in die Förmchen füllen und bei 100°C für 3 Minuten dampfgaren.

145. Flan

Zutaten für 2 Portionen:

- 35 g Zucker
- 100 ml Milch
- 1 Ei
- 1 Eigelb
- 2 EL Orangenlikör
- 15 ml Orangensaft
- Souffléförmchen
- Alufolie

Nährwertangaben pro Portion:

- Kalorien: 140 kcal
- Kohlenhydrate: 21 g
- Fett: 4 g
- Eiweiß: 4 g

Zubereitungszeit: 25 Minuten

Zubereitung:

1. Als Erstes 20 g Zucker in einen Topf geben und karamellisieren lassen. Mit 1 EL Orangenlikör ablöschen und ständig gut verrühren.
2. Den Karamell in die Förmchen füllen und erkalten lassen.
3. Währenddessen Ei, Eigelb, Milch, 15 g Zucker, Orangensaft und 1 EL Orangelikör verrühren und ebenfalls in die Förmchen geben.
4. Die Souffléförmchen mit Alufolie abdecken und in einen gelochten Gareinsatz geben.
5. Für 18 Minuten bei 100°C garen.

146. Gedämpfte Apfelspalten mit Apfelsauce

Zutaten für 2 Portionen:

- 2 Äpfel
- 2 EL Apfelsaft
- 4 TL Zucker
- ½ TL Zimt
- 1 Msp. Koriander
- 1 Msp. Kardamom

Nährwertangaben pro Portion:

- Kalorien: 140 kcal
- Kohlenhydrate: 29 g
- Fett: 0 g
- Eiweiß: 1 g

Zubereitungszeit: 15 Minuten

Zubereitung:

1. Zunächst die Äpfel schälen, entkernen und vierteln.
2. Den Apfelsaft zusammen mit Zucker, Zimt, Koriander und Kardamom verrühren und über die Äpfel gießen.
3. Die Äpfel zusammen mit der Sauce in einen ungelochten Gareinsatz geben und für 8 Minuten bei 100°C dämpfen.

147. Beeriger Topfenkuchen

Zutaten für 2 Portionen:

- 300 g Magertopfen
- 200 g Beeren, gefroren
- 2 Eier
- 40 g Zucker
- 100 g Joghurt, 1,5% Fett
- 100 g Crème fraîche
- 6 Butterkekse
- 2 Gläser
- 1 Gefrierbeutel
- Frischhaltefolie

Nährwertangaben pro Portion:

- Kalorien: 870 kcal
- Kohlenhydrate: 20 g
- Fett: 13 g
- Eiweiß: 3 g

Zubereitungszeit: 30 Minuten

Zubereitung:

1. Zunächst die Kekse in einen Gefrierbeutel geben und stampfen.
2. Die zerbröselten Butterkekse als Boden in die Gläser füllen. Die Beeren ebenfalls hineingeben.
3. Eier und Zucker schaumig schlagen und mit Topfen, Joghurt und Crème fraîche vermengen.
4. Die Topfenmasse in die Gläser füllen und mit Folie abdecken.
5. Bei 100°C für 20 Minuten garen.

148. Espresso-Creme

Zutaten für 2 Portionen:

- 1 EL Instant-Espressopulver
- 1 Ei
- 75 ml Milch
- 50 ml Sahne
- 1 Eigelb
- 25 g Zucker
- Souffléförmchen

Nährwertangaben pro Portion:

- Kalorien: 810 kcal
- Kohlenhydrate: 20 g
- Fett: 11,4 g
- Eiweiß: 2,5 g

Zubereitungszeit: 30 Minuten

Zubereitung:

1. Alle Zutaten in eine Rührschüssel geben und vermengen.
2. Die Creme in die Souffléförmchen füllen und in einen gelochten Gareinsatz stellen.
3. Bei 90°C für 30 Minuten in den Dampfgarer geben.
4. Die Creme zum Schluss für 3 Stunden im Kühlschrank erkalten lassen.

149. Variation von Crème brûlée

Zutaten für 2 Portionen:

- 250 g Apfel
- 40 g Mehl
- 130 ml Sahne
- 25 ml Milch
- 30 g Butter
- ½ Vanillestange
- 1 Ei
- 15 g Ingwer, eingelegt
- 6 g weiße Schokolade, geraspelt
- 6 g brauner Zucker
- 2 Gläser

Nährwertangaben pro Portion:

- Kalorien: 347 kcal
- Kohlenhydrate: 19,5 g
- Fett: 28,7 g
- Eiweiß: 3,4 g

Zubereitungszeit: 65 Minuten

Zubereitung:

1. Die Vanilleschote mit einem Messer auskratzen und die Hälfte des Marks zusammen mit Mehl, Butter und Zucker verkneten.
2. Die Äpfel schälen, entkernen und in Würfel schneiden.
3. Beides zusammen in einen ungelochten Gareinsatz legen und bei 160°C für 8 Minuten garen. Anschließend abkühlen lassen und in die Gläser füllen.
4. Die zweite Hälfte des Marks der Vanilleschote zusammen mit der Milch und der Sahne aufkochen.
5. Anschließend die Eier trennen.
6. Das Eigelb zusammen mit dem Zucker schaumig schlagen und zur Milch-Mischung geben.
7. Die Schokolade hacken und ebenfalls zur Milch-Mischung geben. Gleiches mit dem Ingwer.
8. Die Mischung in die Gläser füllen und in einen gelochten Gareinsatz stellen.
9. Für 45 Minuten bei 110°C in den Dampfgarer geben.

150. Gefüllte Pfirsiche

Zutaten für 2 Portionen:

- 2 Pfirsiche
- 50 g Amarettini
- 1 EL Zucker
- ½ EL Amaretto
- 20 g Zartbitterschokolade

Nährwertangaben pro Portion:

- Kalorien: 347 kcal
- Kohlenhydrate: 19,5 g
- Fett: 28,7 g
- Eiweiß: 3,4 g

Zubereitungszeit: 40 Minuten, Ruhezeit: 15 Minuten

Zubereitung:

1. Die Pfirsiche waschen, halbieren und den Stein entfernen. Anschließend einen Teil des Fruchtfleisches mit einem Löffel herauslösen.
2. Das Fruchtfleisch zusammen mit dem Amaretto in einen Mixer geben und fein pürieren.
3. Die Amarettini zerbröseln und die Schokolade raspeln. Beides zusammen mit dem Zucker zum Püree geben und verrühren. 15 Minuten ruhen lassen.
4. Anschließend das Püree in die ausgehöhlten Pfirsiche geben und in einen gelochten Gareinsatz geben.
5. Bei 180°C für 15 Minuten dampfgaren.

Schlusswort

Wir hoffen Ihnen schmecken unsere 150 leckeren und vielfältigen Rezepte für den Dampfgarer und wünschen Ihnen guten Appetit!

REZEPTE
PROFIS

Weitere Kochbücher von den Rezepte Profis

Suchen Sie nach weiteren leckeren, gesunden Gerichten? Dann empfehlen wir Ihnen unsere anderen Kochbücher mit 150 vielfältigen Rezepten!

https://www.amazon.de/dp/1794511075/

Vegan Kochbuch: Die 150 besten veganen Rezepte für eine vegetarische und vegane Ernährung. Abnehmen und gesund leben leicht gemacht. Inkl. indisch und asiatisch kochen mit Superfood + Nährwertangaben

ISBN-13: 978-1794511071

https://www.amazon.de/dp/1793817952/

Low Carb Kochbuch: Die 150 besten Rezepte für eine gesunde Ernährung! Abnehmen ohne Hunger und Fett verbrennen am Bauch leicht gemacht (inkl. 30 Tage Diät Ernährungsplan + Nährwertangaben)

ISBN-13: 978-1793817952

https://www.amazon.de/dp/1791690777

Smoothies zum Abnehmen: Die 150 besten und leckersten Smoothie Rezepte in einem Buch! Gesund Abnehmen, Entschlacken und Entgiften leicht gemacht, für mehr Energie im Alltag (inkl. Nährwertangaben)

ISBN-13: 978-1791690779

https://www.amazon.de/dp/173084751X

Kontaktgrill Rezepte: Das Kochbuch mit 150 Rezepten für den Kontaktgrill! Leckere vielfältige Gerichte und alles, was Sie über den Kontaktgrill wissen müssen (inkl. Nährwertangaben)

ISBN-13: 978-1730847516

https://www.amazon.de/dp/1790589444

Heißluftfritteuse Rezepte: Das Kochbuch mit 150 Rezepten für die Heißluftfritteuse. Leckere vielfältige Gerichte für den Airfryer - Gesund kochen und frittieren ohne Öl (inkl. Nährwertangaben)

ISBN-13: 978-1790589449

https://www.amazon.de/dp/1731340168

Dutch Oven Rezepte: Das Kochbuch mit 150 Rezepten für die Outdoor Küche! Ob draußen beim Camping, am Lagerfeuer oder Zuhause. Mit dem Black Pot einfach und lecker kochen (inkl. Nährwertangaben)

ISBN-13: 978-1731340160

Rechtliches

Impressum

Rezepte Profis wird vertreten durch:

Noma Commerce GmbH
Stresemannstraße 84
22769 Hamburg

Coverbilder:
NoirChocolate, its_al_dente, KarepaStock, Tanya Stolyarevskaya, Yuliya Gontar | shutterstock.com

Haftung für externe Links

Das Buch enthält Links zu externen Webseiten Dritter, auf deren Inhalt der Autor keinen Einfluss hat. Deshalb kann für die Inhalte externer Inhalte keine Gewähr übernommen werden. Für die Inhalte der verlinkten Webseiten ist der jeweilige Anbieter oder Betreiber der Webseite verantwortlich. Die verlinkten Seiten wurden zum Zeitpunkt der Verlinkung auf mögliche Rechtsverstöße überprüft. Rechtswidrige Inhalte waren zum Zeitpunkt der Verlinkung nicht erkennbar. Eine permanente inhaltliche Kontrolle der verlinkten Webseiten ist jedoch ohne konkrete Anhaltspunkte einer Rechtsverletzung nicht zumutbar. Bei Bekanntwerden von Rechtsverletzungen werden derartige Links umgehend entfernt.

Printed in Germany
by Amazon Distribution
GmbH, Leipzig

18733048R00102